W0021943

Elfriede Jelinek
TOTENAUBERG

Ein Stück

Rowohlt

2. Auflage Oktober 2004
Copyright © 1991 by Rowohlt Verlag GmbH,
Reinbek bei Hamburg
Sämtliche Aufführungsrechte (Bühne,
Film, Funk, Fernsehen) beim Theaterverlag
Nyssen & Bansemer, Köln
Einbandgestaltung Klaus Detjen
Satz Janson (Linotronic 500)
Gesamtherstellung Clausen & Bosse, Leck
Printed in Germany
ISBN 3 498 03326 3

TOTENAUBERG

*Die Filmaufnahmen sind vom Regisseur allein
(höchstens noch mit Hilfe eines Kameramannes, einer
Kameradenfrau) zu realisieren. Er soll sich dafür einen
Berg seiner Wahl aussuchen: Matterhorn, Montblanc,
Rax, Schneeberg, egal. Der Film darf, ja soll ruhig
dilettantisch aufgenommen werden.*

*Die Person Heideggers bitte mit einem winzigen Zitat
nur andeuten, vielleicht der Schnurrbart? Hannah
Arendt desgleichen.*

Die Personen:

Der alte Mann

Die Frau in mittleren Jahren (« Die Frau »)

Elegante junge Frau

Ländliche junge Kellnerin

Ein Leistungssportler

Zwei Männer in Tracht (« Gamsbärtler »)

Noch mehr Sportler, auf Schiern

Ein alter Bauer

Mehrere tote Bergsteiger (zum Teil schon verwest)

Cheerleaderinnen

Jäger

Gäste

Kellner etc.

IM GRÜNEN

*Der alte Mann sitzt in einem rustikal anmutenden
Schianzug in der Halle eines Luxushotels. Er ist in ein
Gestell (eigentlich eine Art Körper-Moulage) geschnallt,
das im Groben die Umrisse seines Körpers, nur viel größer,
nachzeichnet. Er ist sozusagen doppelt vorhanden
durch das Gestell. Im Hintergrund eine Filmleinwand.
Darauf schneeige Gipfel, eine Alm oder ähnliches. Auf
dem Bankerl vor der Almhütte eine Frau in städtischer
Reisekleidung, den Koffer neben sich, im Aufbruch
begriffen.*

Die Frau:
*(sie spricht von der Leinwand herab zu dem alten
Mann. Irgendwann, während des folgenden Monologs,
tritt sie dann sozusagen aus der Leinwand heraus, bzw.
hinter ihr hervor und spricht den Text teilweise mit,
teilweise hört sie ihrem Double auf der Leinwand beim
Sprechen zu)*

Jetzt dasitzen. Beinahe untergebracht im Spiegel. Aber
was Sie Ihrer Mama waren, sind Sie jetzt nicht mehr.
Und Ihr Vater erst... mit nassem Finger fährt er über
die Blößen des Waldes. Die Sonne fällt durch die Löcher im Gezweig, aber Ihre Glut... Unschädlich ist sie
geworden. Nachdem Sie einst ein Liebender waren,

werfen die Frauen jetzt ihre Stöcke um andre stachlige Früchtchen in die Baumkronen. Es fällt ihnen nichts mehr in den Schoß. Die Bänke dienen den Frauen zum Stricken, Nadeln wohnen in ihren Händen. Sie jedoch, Sie sind ausgestoßen aus diesem Wohnen, das ein Ausruhen ist. Die Jugend, deren Körper vor Mode leuchtet, umsteht die Gebäude. Musik fährt ins Herz. Lustbetont. Lustbetoniert. Und Sie beschweren sich, weil über Sie gelacht wird! Studenten wurden tüchtig unter der Peitsche des arbeitslosen Gerber-Gesellen, der ihnen mit Bimsstein die weißen Turnleibchen schor, dann die eigenen Felle gerbte. Überall das schöne Blut! Was für ein Aufwand, aus dem Unheimlichen wieder Heimat herauszukratzen! Fangen wir mit dem Unscheinbaren, dem Kleinen an: verlangt es nicht nach kleineren Wörtern als Sie überhaupt besitzen? Sie sind auch so ein Bilderl, eine Abbildung! Passen nicht ins fesche, aber falsche Kleid dieser falschen Landschaft. Musik, die sich uns gegenüber schlecht benimmt. Aber ihre Lautstärke ist nur eine ihrer schlechten Eigenschaften. Hören Sie ein Lied, während Sie, scheinbar unscheinbar, vor Ihrer Hütte sitzen und sich insgesamt erfassen lassen von den Suchenden! Ein einziges Wort wollen die hören, und was bekommen sie? Die ganze Welt und wie man in einem modernen Fortbewegungsmittel erscheint, um sich wo hinzutragen.

Und immer am selben Ort anzukommen, wo man behauen wird und behaust ist: die Heimat! Langsam durchfuhren Sie Rückwege, die schon welche waren, bevor Sie noch Ihren Schlitten an der Kette Ihres Körpers hinaufgezogen hatten. Zu lang haben Sie sich dem Holzweg des modernen Daseins aufgezwungen! An Ihnen ist ja gespart worden! Aber Haut ist inzwischen genug da, fast zuviel des Guten, wie ich sehe. Kräuselt sich an den Rändern. Spielt schon um Ihr Gesicht. Der Einsatz ist hoch. Lassen Sie sich fortreißen an das Verlorene! Junge Menschen im Schauder der Uniform, denen an den Beinen noch die Turnhose des Kindes klebte. Auf einmal waren sie folgsam geworden, Folgschaft der Zukunft. Sie waren, und sie würden gewesen sein. Die Natur bezog sie endgültig ein. Sümpfe, aus denen sie ihre Hände nach fremden Landschaften reckten, aber die gehörten immer schon wem! So wurden sie in ihr Wesen hinein versetzt, das ist Erziehung. Und Ihnen verdankten sie's. Daß sie jeden Tag rufen durften nach dem, der ihrem Dasein einen Schrecken einzujagen vermochte.

Schauen Sie, wie die Heutigen ihre Erholungsschlachten austragen! Und da wagen Sie zu sagen, die Natur ruhe sich aus, schamlos hingestreckt vor uns, die wir besser angezogen sind oder besser: ausgezogen. Zu ihr! Die Technik läßt sie ja nicht! Sie reißt den Bach aus seinem Bett und den Fluß der Geschichte wieder in seinen Lauf, aus dem er stets aufs neue hervorschießt. Wir sind das Ziel, der Mittelpunkt der Schutz-Scheibe. Doch wir ahnen die Ferne. Uns gehört sie ja längst. Wir sind doch ins unzureichende Grund-Buch eingetragen!

Jeder erleidet sein eigenes Maß. Aber schauen Sie: Auch mein Gesicht ist für den Genuß nicht mehr geeignet! Bitte erinnern, was für ein verführerischer Entwurf Sie waren: Der Mensch, in die Stille gestellt. Und ist er Grund seines Seins, ist er schon Gott, in zehn Lektionen. Ich sehe schon, gleich werden Sie sich dem Publikum zuneigen, das schon seine Karten kauft und mit den Fingernägeln am Marmor des Foyers kratzt. Die haben Eintritt bezahlt und wollen Furcht lernen, wenn sie, Höhepunkte des Seins, über die Straßen des Landes rasen, verkehrt gegen die Einbahnen. Ich meine, sie machen feig vor den Einbahnen kehrt. Aufs Hochmoor! Sich ins Hüttenbuch einschreiben, Hochmoorsoldaten ohne Spaten, dafür mit Wanderstöcken, die grinsenden Totenköpfe auf die Kniebundhosen gesenkt. Speck fällt aus dem Maul, Sonne in die Augen. Der Wald! Denken ist Gebrauchtwagen-Handeln! Bitte lernen: die vielen Marken, die es gibt in einer Epoche. Allein schon vor den Toyotas und Hondas und ihren Spielarten verhalten Sie sich wie der Schöpfer vor der Erschaffung der Welt!

Schauen Sie jetzt auf die Passanten, die hereinströmen, um Sie zu hören! Schauen Sie! So schauen Sie doch! Jeder zweite schmeißt Ihren Anblick weg! Und er traut auch seinen Ohren nicht mehr. Es genügt nicht, in dem aufzugehen, was man ist! Essen, ja, das war schon immer ein Vergnügen, reichend für das große wie das kleine Geschäft, wo Sie dann warten, daß Ihnen die Hand mit dem Wechselgeld gereicht wird. Wenn Sie schon die Welt nicht machen können, so können Sie sie wenigstens zerstören, was? Aber das einzige, was Ihnen widerfahren ist: die Eltern. Der heilige Großvater in der Krippe von Hölderlins Stall. Der Schwarzwald! Der helle Schein! Das Gebirge, das Sie wie hervortretendes Geäder durchziehen, gehüllt in Ihr Alter ... wie schön! Fallen wie Gras, Händeringen wie Zweige. Ja, die Vorderen: Von ihnen ist wenigstens sicher, daß sie waren. Sind Ihnen endgültig vorausgegangen, rüber zur Brükke, sehn Sie, dort vorn, beim Gipfelkreuz! Ihre Butterbrotpapiere rascheln ihnen in den Händen. Jetzt bleiben sie stehen, sehen Sie! ... Unterhalten sich, aber sie warten nicht auf Sie! Was für ein Schmerz! Der Vater springt jetzt von seinem Platz auf.

Ausgesät waren sie, um zu wohnen. Der Tod hat sie aus dem Zusammenhang gerissen. Aus! Plötzlich sind Sie nicht mehr ihresgleichen. Das Band ist zerschnitten. Der Tod Ihrer Eltern macht aus Ihnen einen anderen. Ja, Sie sind es selbst! Dieser Schreck, daß die himmlische Aussicht schläft! Das Gebirge dient Ihnen als Steigbügelhalter. Was da ist, dient ja überhaupt dazu, sich davon abzuheben. Ihr Denken erlahmt in Ihnen. Ein Bankerl zum Hinsetzen wär immer öfter fein, was? Damit die Menge an Ihnen vorübergehen kann, der Mensch aber ist allein. Unruhig scharrt seine giftige Art im Boden. Keiner will sein wie der andre, und auch Sie vertreten nur sich selbst.

Wie oft kehrten Sie inzwischen, verwittert, aus dem ländlichen Gasthaus zurück, wo Sie als Kind wegen Kleinigkeiten bewundert wurden. Übersetzen aus dem Griechischen. Jetzt aber – Großes nahm von Ihnen seinen Ausgang, durch den es verschwand – verschwinden Sie selbst neben den Kindern von hübschen, hütenden Müttern, die sich mit dem Anziehen Mühe gaben. Das hätten Sie nicht gedacht, was? Daß es einmal welche geben wird, deren Schritte quasi wie mit einem Dach versehen sein werden?! Daß aus dem Gebirg ein Kinderhort, ein Horst wird? Daß die Apparate so schön spielen werden, daß man die Künftigen nicht mehr brauchen wird, weil alles JETZT ist. Übersetzen Sie oder setzen Sie sich wieder hin! Steht das Große jetzt noch im Sturm oder schon in Frage?

Vorbei. Und wieder ganz neu gemacht. So herrscht wieder die Ruhe des Erfreulichen, und Sie sitzen hier. Aufs neue bereit, ein Wirt für die Ungültigen zu sein, die Karten gekauft haben, die ihrerseits entwertet werden müssen. Wie vielen Fremden haben Sie sich wohl eingeprägt in all den Jahren, da Sie lustig durch die Gedächtnisse reisten? Wer denkt heute, am nächsten Tag, noch an Sie? Na, Sie sind mir aber ein lustiger Binkel, den immer die andren herumschleppen sollen! Tragen Sie sich gefälligst alleine! Auf den Tod werden Sie wohl noch etwas warten müssen, auf diesen Bus, der Sie zurückführt zu Ihnen selbst, wo Sie ohnedies die ganze Zeit brav gewartet haben. Wo Sie hingestellt wurden. In Wirklichkeit haben Sie sich nie bewegt. Sie sind!

Kein Kind mehr. Sie werden jetzt zudringlich, wo Sie früher beschenkt wurden. Keiner will ja bleiben, wo er angefangen hat. Aber unweigerlich endet er dort. Wie die Schlangen streben die Ihrigen, von Ihnen angeleitet, auseinander, zu den Startbahnen hinaus und in die Luft, wo sie sich als Bleibende ausgeben, was nicht einmal die Vögel von sich zu behaupten wagen würden. Wo ist Ihre Sprache geblieben, in der Sie sich vor der Natur zu behaupten gelernt haben? Ja, damals machten Verspätungen noch was aus, da man erwartet wurde! Das Selbst ist der Wert, der Wirt, nein, das Wer des Daseins.

Der Tod ist das Wo des Daseins. Er macht aus Ihnen (und auch aus uns) entweichende Knechte, in denen man das Leben noch zucken sieht, steht man vor ihren Käfigen und tröstet sie mit dem Gedanken an die Nichtigkeit ihrer Gitter. Noch sind sie aufgeräumt. Groß und glatt wie der Bodensee. Aber wehe, sie finden die Tür! Dann müssen vielleicht einmal Sie als ein Arbeitsloser Wurst essen. Denn die hören nicht auf Sie in ihrer Leidenschaft, ein Selbst sein zu wollen! Die treten Ihnen auf die Nagelschuhe, mit denen Sie die Landschaft durchbrechen, bis Sie von ihr wieder abgeschüttelt werden. Oder Sie fahren in den Speisewagen, wo Sie exakt auf der Stelle treten und Reisende in italienischen Schuhen ihrerseits tückisch nach Ihnen zu treten versuchen. Stillstand und Bewegung in einem.

Wie oft haben Sie übrigens etwas riskiert, bei dem Sie hätten sterben können? In Wahrheit waren Sie feig, Sie Freund des Hauses, während die Burschenschaften sich in die Strampelanzüge des Krieges schmissen, sich Aufenthalt zu erkämpfen. Das Äußerste in Ihrem Blick ist diese hell glänzende Kastanienallee, jaja, beugen Sie sich nur vor! Versuchen Sie's!

(Der alte Mann macht schon seit geraumer Zeit verzweifelte Versuche, sich in seinem Gestell zu bewegen.)

Etwas mehr anstrengen müssen Sie sich schon... Das Selbst in absoluter Isolierung ist sinnlos. Ja. Also diese hell glänzende Kastanienallee, macht nichts, ich kann sie Ihnen ja beschreiben... die links und rechts wie riesige böse Hunde neben Ihnen herläuft. Fort zu der hellen Hütte, hinter der die Menschen einen Gastgarten vermuten. Doch nur Sie sind da! Ein brandrotes Denk-Mal auf der Haut der Landschaft.

Hören Sie, wie sie in der Ferne erklingt! Vor dem Gesicht des Meeres klatschen sich die Menschen unwillkürlich Sportgeräte an den Leib. Die Landschaft tönt, die Kassen und Kassetten singen. Und hier auf Ihrem Sitz? Hören Sie nichts? Machen Sie den Menschen zu einem Ansatz, nein, einem Ansitz, nein, einem Hochsitz, noch besser: Anstand, von wo wir herunterknallen können, daß die Tiere nur so spritzen im Rauhreif, wo sich die Blätter biegen unter dem Saft des Todes.

Andre wieder schießen aus den Schiställen hervor, schauen Sie sich nur in den Spiegel! So einer sind Sie! Schießen Sie los! Die Kanten knirschen im Firn. Ein Kunststück machen, um gehaltvoll zu sein. Heute müßten Sie schon selbst etwas enthalten, damit niemand Ihresgleichen je gekannt hätte. Wären Sie ein Kind, Sie hätten noch die Schwimmflügel, die Reste vom Körper der Mama, an den Oberarmen hängen. Mithilfe einer Krankheit staubt Gott Ihr Bilderl ab, in dem Sie sich ihm ähnlich machen wollten. Daß Sie nicht wie er sind, macht Sie zum Abfall. Kehren Sie sich! Ich könnte mich über Sie abfällig äußern, aber ich schweige. Schwelge in der Erinnerung, die die Wiesen meines Gedächtnisses glatt gekehrt hat. Ein Gesicht über dem Zaun, die herrlichste Schizeit und eine späte Wintersonne.

Die Zeit zerrt nun auch an Ihrem Rahmen, der inzwischen ganz verzogen ist. Waren Sie einst mit den Geliebtesten, auch mit mir, zusammen, so hat die Zeit Sie nun für endgültig fertig erklärt. Sie sind entlassen. Gehen mit Ihren armen Füßen auf dem Trockenboden herum, ein wütender Obdachloser, das heißt, ein Dach wäre schon da, aber auf Ihre Schritte tropft Wäsche. Sitzen Sie endlich still! Auch ein andrer will sich erholen, in den Stuhl neben dem Ihren gepreßt, ein armes Getränk in der Faust. Sie fehlen keinem, wenn eine Hand barsch an Ihrem Ärmel reißt, während Sie noch verächtlich Kleines zu Ihren Füßen bezwingen.

Darf ich Sie bekanntmachen mit dem Tod, damit Sie endlich aus dem Lichtschein herausgezogen werden, aus dieser gefährlichen Schwarzwälder Kirsch-Lache. Macht nichts, das Jenseits ist ja auch in Schwarzarbeit dem Boden entrissen. Dort liegen die Verschiedenen, die aber erst im Tod so verschieden geworden sind. Es ist jetzt acht Uhr einunddreißig, Ihr Vortrag fängt gleich an, und keiner sieht mehr etwas. Sprechen Sie jetzt, nach dem Summerton! Dem stummen Ton. Sprechen Sie!

(Auf der Leinwand sanfte Natur, nicht gellend! Ein schilfbestandener Weiher, der etwas Bedrohliches ausstrahlt, aber gleichzeitig auch Ruhe. Der alte Mann hat es geschafft, sich aus seinem Gestell loszureißen und schleift jetzt, hierhin und dorthin taumelnd, die Trümmer mit sich. Elegante Kellner servieren ihm, der Frau, sowie einigen Damen und Herren in Abendkleidung, die gekommen sind, dem alten Mann bei seinem Vortrag zuzuhören, Getränke. Die Frau trinkt, abseits, allein an einem kleinen Tischchen Kaffee.)

Der alte Mann:

Die Natur ruht. Das Wetter kehrt um und kehrt sich erneut gegen uns, da wir es gerade verabschiedet haben und hofften, es nicht so bald wieder zu treffen. Ein schlechter Bekannter, dargestellt am Bild eines gepeitschten Weihers. Diese Ruhe in den Wäldern und

Wolken ist ja nicht Ende der Bewegung. Die fängt vielmehr erst an. Die Natur entsteht im Gehen. Wir sind ihre Mitte. Wir sind ihr Mittel, ringsum das Leuchten verblassen zu lassen. Bestückt sind wir mit den Hinweisen auf unser Existieren: Es zischt uns wie Spray auf Haare und Schuhe, damit wir, betrunken von uns selber, dennoch beschützt sind. Gleichzeitig reißen wir die Luft auf, können als Großvieh nicht mehr gerettet werden vor dem eigenen Atmen. Gift im Wandern. Einbezogen werden wir in das Erfahren, und das Erfahrene wird Gegenstand, den wir uns in unsren Netzen holen, meterweise, minutenweise. Das Besuchen wird von unsren Film-, Video- und Fotoapparaten ersetzt. Wir gelingen erst durch sie, Besucher in der frühen Morgenstunde, denn wir wollen den Tag ja nutzen, während man schon an unsren Zitzen zerrt. Wir, als Menge! Wir häufen uns! In der Volksmusik, die man so oder so ähnlich nennt, da schütteln sich alte Frauen aus den Wundertüten ihrer Leiber, bis sie als Lacke unter ihrem Sitz liegen, schunkeln zu den Zillertaler Schürzenjägern. Unsere Besichtigungen werden nur mehr veranstaltet, damit wir die Natur mit uns verunstalten können. Wir kommen als etwas Handfestes zu den Gebilden und kommen als Gebildete zurück. Doch eingebildet ist immer das sogenannte wirklich Vorhandene, hereingebildet, zum Scheinen gebracht in die Lichtung. Wir sind das Da. Das Ent-Setzen unsres jähen Erscheinens hat sich in einer anscheinend beruhigten Welt schon lange vorbereitet. Alles fällt jetzt. Löcher in den Luftschichten beklagen wir, doch das Gewesene, das früher Natur war, stopfen wir uns immer noch unerbittlich hinein. Der Saft rinnt uns vom Kinn, vom Heimkino. Wir glauben wohl, so tragen wir Wildheit, Krieg in unser Geschlecht, mit dessen Auswüchsen wir auf unsre Partner losschlagen. Und treiben uns damit nur noch mehr in die Vereinzelung. Der blinde Fleck Wildnis soll uns losschlagen, mit einem Hieb, aus unsrem faden Sein heraus. Wir machen die Natur zu uns, wir verwandeln sie in uns, damit sie uns entspricht. Holen uns Frische ins Haus, die in einer Flasche geborgen ist. Das ist die Wahrheit unsrer Schönheit: nachträglich untergebracht sein! Die Natur verdankt uns ihr Kommen, und wir verdanken ihr auch, daß wir kommen dürfen, um von einer Seite des Bachs auf die andre zu hupfen. Gehen wir jetzt hin und trauern in den Auen, wo sie Kraftwerke bauen! Sie dürfen es nicht. Und erst in unsrem Trauern entsteht sie, die Natur, wird erst richtig wach beim Gedanken an ihr Ende. Wir, ihr Jungvolk, bringen uns ins Reine mit ihr. Erst mit dem Tod beginnt sie zu leben. War da nicht einer, dem das auch gelungen ist? Oder sollten damals wir beginnen, in seinem Tod zu leben? Was spricht Gott? Und warum? Ist diese Not an der Natur die Not der Notlosigkeit? Reißt uns diese Trauer fort ins Verlorene, das wir uns aber auch schon angeeignet haben, diese längst verurteilte Landschaft? Sie gehört uns mehr als die unversehrte. Wir verlieren uns in ihr und sind uns doch besser geglückt als früher, da wir in unsren Badeanzügen ausgespart waren, uns ohne Angst unter die Sonne werfen konnten. Wir haben uns im Verlust schon gut eingerichtet, denn unsre

Not verbindet uns. Das Zugehörige wächst in unsren Klagen, und für fremde Not ist kein Platz. Diese Bäume, das vertrocknete Gestrüpp, die toten Kröten, die wir brauchen: wären sie ungefährdet, wären sie nur ungefähr, wir beachteten sie nicht! Wir sind nicht mehr allein, wir ahnen uns im Größeren: das gefällt uns. Wir können retten und dem Zerstörten eine neue Gestalt geben: unsre! Wir bleiben in unsrer Nähe, damit sich nichts mehr wandelt. Wir passen jetzt besser auf uns auf. Wir Auschützer. Wir Au-Schützen! Wir sind im Kommen, aber wir kommen nie an. Denn unser Kommen soll das Erwartete bleiben. Wir sind die Erlöser, die in allem gegenwärtig sein wollen. Warm in ihre Zugehörigkeit gewickelt sitzen sie da, mit Panzerfäustlingen gegen die Zerstörer, werden mit Stöcken ausgeklopft, stäuben hoch und singen zur Gitarre. Durchbrechen das Gebot der Stille mit ihren Stimmen, die nie neuen Atem holen müssen. Und das Gebotene dann auf dem Bildschirm, wie sie die Natur beschirmen, Schonbezüge der Natur. Wie Gummibänder ziehen sie sich selbst ein in das Große der Landschaft, halten sie mit sich selbst zusammen. Diese toten Unterhosen. Sie treffen einander, setzen sich ins Licht, damit sie ihrem Erscheinen das Offene geben und sich von sich selbst einvernehmen lassen können. Ist es hell genug, rast die Kamera los, mit der sie sich ins Leben einschreiben. Mikrophone werden ihnen wie Futtersäcke vorgehalten, und sie klagen ins Helle, Leere hinein, in dem sie besser verschwinden sollten. Bevor das Licht nachgibt und trauernd in sich selbst zurückgeht. Erscheinen schon wieder vor der Hausbank, der Fleischbank des Fernsehgeräts. Denn die Natur will SIE nicht sehen! So sehen sie eben sich selbst an. Jetzt aber tags. Und das Erfahrene wird zum Gefühl, jedem das Seine, nicht wahr, und jeder sichert sein Gefühlskonto, von dem er lang schon die Zinsen kassiert, gegen den Nachbarn. Jeder drückts anders aus, weißes Papier darüber, das einen Makel trägt, aber von weitem schon zu sehen ist. Sich ins Weite verkünden: wir, in der Mitte Europas. Unsre Erfahrungen sind der Wirklichkeit nicht gewachsen, aber wir können als ihre Schergen fungieren.

Und immer noch sitzen sie wie Wachstum auf dem Boden und verschließen sich vor nichts, dort, an ihren Lagerfeuern, bei ihren Lagerführern, die sie hervorheben. Das kleine Licht, das sie vor sich anzünden, es macht erst die Lichtung, durch die sie von den TV-Kameras erblickt werden können. Oder nein, umgekehrt marsch! Ohne die Lichtung, die sie sich gebahnt haben, sähe man das Licht ja gar nicht! Es könnte nicht auf sie hinunterfallen. Und sie könnten nicht in die Wohnzimmer ausstrahlen. Sind es nicht eigentlich stille Ereignisse, wenn das Land sich öffnet? Muß das Wort soviel Wesens von sich machen? Indem sie ums Verlorene klagen, erschaffen sie erst, aber sie erschaffen immer nur sich. Schrecklich ihr Erwachen! Schwere Schritte im Sumpf. Wie sie sich mit Begeisterung füllen! Einen Sieg der Umweltbewegung, los! Wieder einen kleinen Sieg haben sie errungen, und die Natur gewinnt über die

Zeit, die älter ist als sie. Diese Schützerkönige! Alles
her zu ihnen! Nun soll endlich auch die Natur zu sich
selbst kommen. Sie ist was anfängt, und, wenn sie sich
denn fühlt, soll sie sich neu fühlen. Sie sorgen dafür!
Indem sie das Sterbende beklagen, ist es, als hätten sie
sich selbst unsterblich gemacht. Alle miteinander. Alle
miteinander.

*(Auf der Leinwand steigen der Mann und die Frau, der
Mann in ländlichem Aufzug, die Frau in städtischem
Rock mit Bluse, zur Hütte auf, um gehütet zu werden.
Auf der Bühne bleibt der alte Mann unter den Resten
seines Gestells, das ihn halb verdeckt, liegen. Zwei
elegante Kellner und ein, zwei elegante Besucher versuchen, ihm wieder aufzuhelfen, er fällt aber immer
wieder um.)*

Der alte Mann:
(halb in den Boden hinein)

Das Gemeinsame ist der Schrecken. Sie lassen sich gnä-
dig herab zum Land. Speichelfäden sprühen ihnen vom
Zaumzeug, das sie sich niemals anlegen lassen wollten.
Sprechen unaufhörlich. Jedem sein Herrgottswinkel,
wo sie sich schunkelnd und grölend im Volk einmi-
schen, sich in diese Hefe einrühren. Sie werden in sich
bodenständig. Kalben, vierschrötig wie Kühe. Ihre
Brut halten sie den Gendarmen vor die Knüppel, mit
denen die in unsrer Art tüchtig umrühren wollen. Die-

ser Teig geht weiter als wir. Die Vorgänge, die den Planeten umdüstern, können nicht das Gemächte einzelner Menschen sein. Die Menschen sind nur ausführende Organe, die den Kuchen dann essen müssen. Nie können diese Naturschützer ihr Sein einfach loswerfen, sie krallen sich immer nur an sich fest. Ja. Sie machen sich fest an sich selbst, die sie nur sich im anderen sehen. Und sprechen für alle. Nie für sich. Immer für alle. Entsetzlich, aber machbar! Die lassen die Natur nicht zu sich selbst kommen, sie wecken sie auf. Es trompetet aus ihnen. Jedes Erscheinen ist von ihnen überholt, bevor sie es überhaupt angesehen haben. Und dieses Loch in der Stratosphäre, für sie ist es wirklicher als alles, was sie sehen. Ihre Wanderschuhe treten in die Spuren der anderen. Die Natur fängt immer erst an, aber für diese Leute muß sie auf ewig das Gewesene bleiben. Je mehr sie sich ihr nähern, umso vergeblicher muß es sein. Davon leben sie. Die Natur entzieht sich, aber sie greifen gierig zu mit ihren Bälgern, nach denen sie treten, um sich aufblasen zu können. Sie greifen zu wie in einem Geschäft, das sie verrichtet haben, es gehört auf ewig ihnen! Die Natur ist Entsetzen, aber sie bereiten sie auf ihren Campingkochern zu, jedem sein Teil, herausgeschnitten aus der Leere. Nichts ist Ahnen was kommt, denn sie wissen längst, was kommen wird. Und im Trauern rechnen sie sich schon vor: Erwacht die Natur, so treten sie mit ihr gemeinsam ins Helle. Lassen die Natur ihr bezeichnendes Licht auf sie werfen. Die Kameras leuchten wie Morgenröte. Jeder Blick wird festgeschrieben. Sie treten niemals aus sich heraus und glauben doch zu erobern, und seien es längst Eroberte: alle sind sie immer schon überzeugt gewesen. Die Blicke der Besucher häufen sich. Und auf den vergifteten Boden werden Meinungen gehäuft wie Essen auf einen Teller, das unter Beilagen erstickt. So wie sie auf dem Bildschirm durch ihre Bilder ersetzt worden sind, so wollen sie wohl die Landschaft durch sich selbst ersetzen. Je mehr sie sich einstimmen auf das Gesehene, umso verstimmter wird es klingen. Sie stören nicht etwa dadurch, daß sie jeden Augenblick, jeden Blick verstellen, nein, das Gesehene wird dadurch herabgesetzt, daß es bloße Erfahrung wird. Was Wald war, wird Bild. Was Berg war, wird Bild. Die Natur wird Gegenstand. Sie wird etwas auf der Speisekarte Bestelltes und ist doch das Bestehende. Sie droht nicht mehr. Sie wird zu einer Notiz auf dem Block eines Kellners, hergerichtet, garniert, garantiert, serviert. Ja, sie wollen, daß die Strecke dort vor ihnen gesäubert wird, die sie ihre Existenz vor sich hingeworfen haben. Glauben die etwa, es rennt einer mit einem kleinen Besen wie beim Eisstockschießen vor ihnen her? Damit die Bahn immer glatter wird, die sie sich selbst voranschleudern. Oder eine Sprungschanze hoch in den Himmel hinauf, damit sie sich gut abheben können.

(Ein Kellner und eine elegante junge Frau im Abendkleid bemühen sich um den alten Mann. Die elegante junge Frau spricht ihm tröstend zu.)

Die elegante junge Frau:

Die Holzknechte stehen bereit. Sie sehen ihre Arbeit als Arbeit an der Natur. Doch vor, in den Bäumen sitzen welche, diese Arbeit einzudämmen. Und die Arbeit der sitzenden Parkwächter ist die größere. Sie öffnet uns erst den Raum für die Wirklichkeit dieser Au-Landschaft. Au ja! Sie machen erst die Landschaft, diese Sitzenbleiber der Neuzeit. In ihren Mehrfamilien-Hütten läßt sich still und gut wohnen. Sie verhängen sich über das Land, und der Himmel ist auch verhängt. Schließlich sind in ihm die Abgeschiedenen versammelt. Und unten diejenigen, die die Abgase in gut und schlecht scheiden. Wie vermeid ich denn die Wege, wo die andern Wandrer gehn? Hätten wir Bodenständigkeit je erfahren ohne diese Bodenschützer, die wie angewurzelt auf allem stehen, was ihnen gehört? Und auch für unsre gesunden Kinder beanspruchen wir schon, was nicht zu sehr beansprucht werden soll: Natur! Regenwald! Moor! Aulandschaft! Ur- und Auerwälder! Tortenecken aus Tuff oder Torf! Machen nicht erst die Touristen die Fremde, ohne die wir ständig zuhaus wären? Erst im Wegbewegen, um immer das Gleiche vorzufinden, kommen wir wieder daheim an. Wir wollen in der Fremde sein und über uns hinausgehoben werden, uns verlängern ins Unbekannte. Jeder Ort, wohin wir gehen, ist einen besinnlichen Blick wert. Meiden wir Nähe, meldet sich Ferne. Es könnte ja jeder daheim bleiben, um sich dort die Fremde zu schaffen, aber nein, wir müssen fort, um uns ein Zuhause zu schaffen.

Aber ich frage mich: beklagen wir den Tod der Natur, um sie uns hier, im Einheimischen, als ein Fremdes entstehen zu lassen? Zwei einsame Bauernhöfe, so weit es sie noch gibt, kennen noch Nachbarschaft, während in der Stadt, Tür an Tür, äußerste Fremde herrschen kann. Die Nähe der Nachbarschaft beruht nicht auf Raum und Zeit, Raum und Zeit verwehren sogar diese Nähe. Wollen wir Nähe, müßten schon wir selbst sie enthalten. Wir aber reißen uns gegenseitig mit sanften Zähnen die Flanken auf und vernichten Heimat im anderen. Und stets ist die Wildnis zu wild und das Gleichnis zu gleich. Das Land macht uns Gebärden in Gestalt von Bauwerken, Leuchttürmen, Zitadellen, Klöstern, doch wir verstehen sie nur, weil wir sie von zuhaus her kennen, und als Zuhaus in der Fremde für uns beanspruchen. Und all der fremde Raum räumt uns weg. So bauen wir Fremdes uns im Eigenen, und gehen drüber auf wie die Sonne, diese letzte Kontrolle der Erde von außerhalb. Die Technik des Fliegens hilft, daß man sich überall einfühlen, einfüllen kann. Betonspritzen für den schwankenden Boden. Nicht daheim und doch zuhause. Wir sind unser Aufenthalt. Wer mag uns was verwehren? Woher hat die Natur ihre Macht, daß sie immer mehr sein soll als die in ihr Lebenden? Gesünder, schöner als diese? Sie ist Umgebung. Sie dient dazu, uns von ihr abzuheben als Stärkere. Doch unsre Macht ist gemacht. Die Natur ist alles, was sich selbst macht. Was sollen wir dabei? Sie ist ja schon alles. Sie schließt den Streit aus, weil sie in allem ist. Warum kämpfen die zufällig Heutigen um ihre Unversehrtheit, da doch auch dieser Streit spurlos eingeht in die Natur? Der Platz unterm Birnbaum, unter dem wir ausruhten, ist jetzt geräumiger, denn wir haben ihn geräumt. Und wenn es diese Landschaft nicht mehr gäbe? Auch das Ergebnis der völligen Zerstörung wäre immer noch Natur, denn es gibt nichts andres als sie. Und gerade die Einheit der größten Gegensätze in ihr nimmt uns wieder heraus aus ihr, denn wir wollen uns entrücken lassen. Von weitem sieht man ohnedies alles besser. Warum also klagen wir über die Zerstörungen? Weil wir draußen sitzen wollen, auf unsren ausgeschlagenen, schartigen Plätzen, um nicht Natur sein zu müssen, aber, befriedet, befriedigt, IN der Natur. Er will als Schein erscheinen, der Besucher, als Schein erscheinen, sag ich, und doch soll die Natur das Wirklichste sein. Damit der Besucher sich umfangen lassen kann mit etwas Echtem, das ihn selbst zum bloßen Schein macht. Und jedes Scheinende ist schon von dem überholt, was wir wissen. Wir schauen nicht, wir wissen! Wir wissen! Ist es Egoismus von uns, wenn wir immer noch in den Wald wollen? Draußen ein hoher weiter Sternenhimmel und Sturm. Sollen wir nicht lieber alle Versuche lassen und uns die Welt in ihrer vorbildlichen Größe wie sie ist vor Augen führen?

TOTENAUBERG (Gesundheit!)

*(Auf der Repro-Leinwand wedeln Schifahrer in bunten
Dressen den Hang hinunter. Der alte Mann sitzt am
Boden und bandagiert mit einer endlosen elastischen
Binde seinen Körper. Eine junge Frau im Sommerkleid,
eine Art resche Kellnerin, kommt mit einem Säugling.
Sie nimmt ihn an die Brust. Zusätzlich füttert sie ihn
mit Babynahrung, die sie mit dem Löffel über sein Ge-
sicht schüttet, bis sie einen unappetitlichen Nahrungs-
brei vor sich hat, der über sie und die Puppe auf den
Boden tropft.)*

Junge Frau:
*(beugt sich hinunter und leckt etwas von dem Brei, das
danebengeht, mit der Zunge auf)*

Ich bin gesund, ein Andenken mitten im Wald. Ein
selbstbewußtes Wesen! Nur wer die Weite umspannt,
vermag ein Kind zu schaffen. Die Heutigen aber haben
allenfalls das Vorgestrige auf der Zunge als Geschmack
und riechen nur das Übermorgen. Aber nicht nur mein
Selbst, auch meine Einheit strebe ich an. Ich bin ganz.
Ich bin ganz Ich. Bedächtig entleere ich mich ins Ge-
hölz und fülle mich gleich wieder auf. Vor mir gibt der
Wald sich keine Blöße, denn auch sie fülle ich mit mir und

Artigen gleich mir. Die Natur ist uns zugewiesen, und nun wollen wir sie aufs Schönste ausgestattet lassen. Eine Wanderschaft, die von Anfang an schon beendet ist. Das Vorrecht der Gattung übe ich aus, mich bedachtsam zu paaren. Nichts dem Zufall überlassen. Nur Wunschkinder und ihre älteren Geschwister, die Bäume! Nicht Axt, sondern Baum sein! Ich plane, und zwar mich und mein Kind zu einem Höhepunkt zu entwickeln, der bedächtiger mit der Welt agiert als der Zeiger mit der Uhr. Ja, weiter, mit der Zeitlichkeit stehe ich auf gutem Fuß! Mein Nachkomme soll alles so gut machen wie ich! Besser! Was war ist nicht mehr. Andenken reiße ich mir aus dem Leib, denn ich bin ganz heute, ich bin auch schon im Früheren verborgen und an die Zukunft verborgt. Ich bin immer, von Waren beschienen. Fünf Jahre mindestens werde ich jetzt Hölderlin nicht mehr zitieren. Die Natur hat Grund, vor uns zu scheuen, doch wir scheuen sie nicht. Wir verstehen sie, verstauen sie in unsren ungedüngten, ungespritzten Körpern! Wir entsprechen dem was wir sprechen! Das Tier spricht nicht, aber es entspricht uns. Überhaupt: Was sprechen kann, weiß auch um seinen Tod. Hab ich nicht recht? Mit der Erde würden wir den Boden verlieren, auf dem wir stehn. Ich träume niemals heimlich, ich sage es offen: Keine Vernachlässigung meiner selbst erlaube ich mir. Dieses Kind ist nicht aus einer Laune geboren, es ist, woran ich lebe. Dieses Kind wurde geplant, sorgfältig habe ich mir seinen Vater ausgesucht, das ist wohl das mindeste. Verantwortung gegenüber der Natur! Nur wertvolle Frauen können der Welt auch etwas schenken. Ich bin guten Muts, ich bin guten Bluts. Der Wert unsrer Personen wird immer höher, ja, wir räumen unsren Raum auf! Wir fühlen uns wohl! Dann spricht in die Stille hinein unser Wesen seine Sprache, mit der es sich die größte Mühe gibt. Aber das ist es wert! Ich habe Wünsche hinsichtlich meiner Zukunft, scheue mich aber nicht, auch die Gegenwart schon in Besitz zu nehmen. Solang es meinem Kind gutgeht, darf es leben. Warten Sie nur, bis es erst am Wickelband seiner Schultasche hängt und jedem einen Einblick in sich gewährt! Firmen bewerben es schon, es bewegt sich von selbst. Solang es sich in diese Zukunft träumt, darf es jetzt und heutig sein. Darf wieder erwachen, lautestes aller Ereignisse sein, mein Leben ausfüllen. So gehen unsre Hoffnungen am Ende doch in Erfüllung. Es darf zu Recht Nahrung von mir fordern, ich gäbe ihm zusätzlich noch mein Eigenstes, meine bewegende Sprache. Sie ist so laut, daß jeder Raum weiß: ich komme, und sich selbst räumt. Dieses Kind habe ich für die Festung des Sports, für die Feste der Witterung tüchtig gemacht. Es darf sich erheben wie ein anfänglicher Wind und größer werden. Es ist gesund. Ich bin sein. Ich bin sein Ich. Es darf dicht vor meiner Mauer stehen und, wissend vor Heiterkeit, aus bunten Flaschen der Sprache zusprechen. Dieses Kind wird nämlich sagen können, warum ihm die Welt gehört und welche Änderungsschneiderei sie ihm anpassen soll. Es wird den Wunsch haben, Kunde zu werden, an dem nur Gediegenes gedeiht. Ich habe mein Verhältnis zu ihm gründlich überdacht. Dieses Dach hat nur für jene Platz, die vom Vollwert kosten wollen! Gesund bleiben! Das sind wir der Welt schuldig, damit sie uns nichts schuldig bleibt. Ich will, daß dieses Kind ist. Sollte das die Liebe sein? Ich will, daß dieses Kind ich ist! Die Welt soll uns für gänzlich erledigt halten: das heißt, wir sind einfach fertig! Tötet man eine Schnecke oder ein einen Tag altes Kind mit einem bißchen Morphium, so durchkreuzt man keine Wünsche, denn diese Tiere haben keine Wünsche. Wäre dieses Kind krank, eine künftige Person, die nichts weiß von sich, hätte es auch keinen Zuspruch mehr nötig. Es verstünde ja nichts. Diese Geburts-Krüppel versuchen, sich ein Ich zu besorgen, zumindest zu borgen, das vor sich weder erstaunen noch erschrecken kann. Stehen einfach am Weg herum, eine des Lebens ungewohnte und vom Leben nicht so gewollte Form. Zum Glück sind sie selten geworden. Die Medizin gefällt mir ausgezeichnet. Hätte mein Kind nicht den Wunsch, einmal starr vor Kinoreklamen zu stehen, Essen in der Faust, die Verbände des Sports schief gewickelt um die Füße, keine Sorge um die Allgemeinheit, es wäre längst von mir durchkreuzt worden! Ich habe es ja in mir gekauft. Gesundheit ist sein und mein Recht. Ich bin ja nicht zufällig! Und umsonst stopfe ich nicht die rohe Kost meines Frohsinns in dieses fremde Element, das tobend sich gegen meinen Brückenpfeiler wirft! Ihn auswäscht. Ja! Ich würde es töten! Denn es würde nicht Gebrauch machen von seiner gediegenen Abstammung, die ich bin! Nicht heilig wäre es, denn ich könnte, obwohl riesig lieb zu ihm, es nicht als ein Selbes wie mich erkennen. Nur dort verbirgt

sich der Segen. Wie ich! Genau wie ich! Es spricht,
genau wie ich, der Zukunft zu. Prost! Wäre es anders, ich drückte ihm keine Marken in die Hand für
seine Treue. Wäre es nicht bei sich und meinem ehr-
geizigen Bewußtsein zuhaus, in dem Sinn, daß es so
schnell wie möglich zum Beispiel per Flugzeug wo
anders sein möchte, ich risse es vom Weg, noch bevor
es auf den Sportplatz laufen und nationale Hymnen
singen könnte. Denn es wäre zu beschäftigt mit seinem Nicht Sein. Das bringt nichts ein. Es könnte ja
keine Embleme des Wichtigen auf seinem Jogging-
anzug erkennen! Es hätte keinen Sinn. Würde auch
die Wegemarken nicht erkennen, die von den Geräten
blitzen. Könnte sie nicht lesen, die Schilder der bleibenden, der ungewachsenen Dinge: sie kehren in den
Menschen ein wie in ein Wirtshaus und gedeihen dort
länger als er selbst. Die Ware, die den Erdball in Ordnung hält. Ich hätte das Recht dazu, denn ich bin gesund! Ich verlange Gesundheit auch fürs Kind. Ich
will es einordnen. Jeder heutige Fruchtsaft-Idiot hat
das Recht, auf vernünftige Sprache zu hören! Das
Kind soll mich schon in seinem Fruchtwasser verstehen lernen! Wäre es stumpf, es wäre etwas andres.
Jetzt erscheint meine Liebe im Urwald meines Wesens.
Erwacht wie Natur.

Ein typischer Leistungssportler
(tritt auf. Er spricht in einen TV-Bildschirm hinein:)

Wenn eine Person getötet wird, dann liegt zwar auch die Durchkreuzung eines Wunsches vor, aber es handelt sich um etwas anderes, als wenn ich durch eine dürre Landschaft wandere, haltmache, um meinen Durst zu löschen, und feststellen muß, daß meine Flasche ein Loch hat. In diesem Fall habe ich einen Wunsch, den ich mir nicht erfüllen kann, und ich empfinde Frustration und Unbehagen, weil der ungestillte Wunsch nach Wasser anhält. Werde ich dagegen getötet, so halten nach meinem Tod meine Wünsche für die Zukunft nicht an, und ich leide nicht darunter, daß sie nicht erfüllt werden.

(Anm.: Danke für Ethik – Peter Singer!)

(Der Sportler wieder ab. Den Bildschirm stellt er hin.)

Die junge Frau:
(füttert das Kind weiter, Trickschifahrer kapriolen jetzt über die Leinwand, die Kunststücke steigern sich)

Ohne Wandern kein Wohnen! Nein. Dieses Kind ruht sicher in sich, so sicher, daß es, wenn es wollte, auf den Wellen, die ich sinnlos schlage, den Ozean überqueren könnte. Es kann sich jederzeit Fremdes holen. An die Ordnung wie an das Fremde muß man sich anschmiegen, dann vortreten, sich aufsagen, seine Noten abholen, singen und siegen. Sonst strafen einen Menschen! Das ist erst Leben! Erleben! Freizeiterlebnis! Es hat den Wunsch. Niemals ängstlich herumschauen! Wir sind die Interessantesten. Von Zeit zu Zeit unterlassen wir etwas. Kein kalter Blick trifft uns dafür. Dieses Kind gehört mir. Ich kann auf mein eigenes Wesen hören! Es schreit. Ich kann es einpacken und mitnehmen: einen stinkenden Streichwurstel für mein Brot. Brav! Über den Fleiß, mit dem ich es in mich verwickle, staunen die übrigen Reisenden. Ich habe mich selbst ins Einfache gesteigert, ins scheinbar Einfache: in den ruhigen Glanz, mit dem wir beide wichtig werden. Dieses Kind wird einmal von meinem Wohnen fortwollen. Ich kann ihm die Nachmittagssonne und einen warmen Talwind bieten, dennoch: Es wird andren zu Ohren kommen! Und das ist gut so. Hätte es sich nicht, so hätte ICH es ganz. Ich fange es auf und steigere sein Glück. So jung kommt mir das Kind vom Wohnen noch nicht weg! Vor der Tür stehe ich schon und begleite es ergeben, ich decke ihm den Weg. Das Tischtuch liegt drauf, jetzt kommt noch das Besteck, damit das Kind sein Leben aus Dosen und Styropor zu sich nehmen kann, unter dem Waffenklang der Wahrzeichen, der Warenzeichen. Hier bin ich, ich möchte jeden Augenblick bei ihm sein, aber – schließlich habe ich mir neulich neue Möbel angeschafft! – bei mir bleiben. Daß es mir nur nicht flüchtet vor meinen dienstlichen Verrich-

tungen an ihm! Jawohl! Daß es nur seinen Rechnungs-
zettel von allem, was es vor sich hat, für die Kasse auf-
hebt. Sonst stöckle ich hinter ihm her und trete es, den
Rock über die Knie geschürzt, aus seinem Aufenthalt!
Dieses Kind muß seine Eintrittskarte bereithalten für
die Orte, an denen das Heilige verwahrt wird, die heilige Schiausrüstung, die heilige Surfausrüstung, die
heilige Safariausrüstung, die heilige Erfahrungsausrü-
stung. Es muß sich auf seinem Grund verteidigen lernen, denn ich kann jede Person töten, die ich selber gemacht habe! Sie hätte ja kein Bewußtsein davon, was
die Ereignisse sagen: Es muß um sich wissen. Es ist
einfach eine volle Stellage, eine scharfe Tour mit den
Schiern, bewußtlos verschwimmendes Weiß auf dem
leidenschaftlichen Hang nach Mehr! Mehr! So bewußtlos wie die Landschaft auf den Winter zu sich
wandelt. Ich bin meines Kindes Sennerin, ich bin seine Megamagd. Doch gleichzeitig wachse ich an ihm
ins Große. Vielleicht hätte ich mich mit ihm nie be-
schenken sollen? Ich füge es jetzt zu mir hinzu. Be-
scheide mich mit dem meisten, das es gibt, über die
Hänge wedelt, in die Hände haucht, und siehe, das
Zeichen des Eigentlichen erscheint: der Stempel einer
Diskothek, wo die Menschen gefangengenommen werden. Oder die Liftkarte, ein armes Bündel an unsrer
Brust. In Aspik. Der Anblick der Landschaft spiegelt
sich in dieser Hülle, die uns zum Betreten berechtigt.
So wie der nächtliche Himmel eigentlich nichts ist.
Erst im Spiegel des Wassers wird die Nacht zum Ge-
genstand. Ich füge mir dieses Kind zu. Ich füge es zu

mir hinzu. Ich werde mehr durch es. Alles Wirkliche erscheint jetzt in dieser Tiefkühltruhe und ist gleichzeitig außen, auf den Packeln, gut angeschrieben. Erst in dem was draufsteht, zeigt sich sein und unser wahres Gesicht: Ein kleines farbiges Bild, an dem man, hervorragend in Form, sieht, was drinnen sich aufrichtet, schrecklich, ohne Umriß, Nebel, und in der Pfanne verrückt wird.

(Zwei Männer in Trachtenanzügen und mit Gamsbarthüten treten auf. Sie kleben Isolierband auf den Boden, bauen auf diese Weise eine Art Langlaufloipe. Nach einiger Zeit erscheinen ein, zwei Sportler auf Langlaufschiern und laufen die vorgeklebte Bahn entlang. Die Männer in den Trachtenanzügen bemühen sich, ihnen mit dem Kleben zuvorzukommen. Während die Sportler sich auf die Piste begeben, verschwinden sie von der Filmleinwand, wo jetzt ein alter Dokumentarfilm erscheint, aber sehr diskret, jüdische Menschen sammeln sich zum Transport, man muß dafür eine sehr zivile Stelle suchen. Man sieht lange einfach nur altmodisch gekleidete Menschen in Schwarz-Weiß, die sich auf einem Platz zu sammeln beginnen. Keine Brutalität! Es muß sehr einfach, wenn auch nicht ganz selbstverständlich wirken! Es kann alles auch ganz harmlos sein, aber etwas ist dennoch irritierend.)

Die beiden Gamsbärtler:
(teilen sich den Text, gesprochen mit leicht ländlichem Akzent, beliebig auf. Wenn sie das Isolier-

band fertig geklebt haben, schrubben sie die Piste
sauber)

Von Zeit zu Zeit unterlassen wir uns. Und gleichzeitig wachsen wir an dem Bedarf, der an uns besteht. Wir Gastgeber, wir Weinheber gewinnen Gelegenheiten lieb, bei denen uns ein Privatinteresse gestattet ist. Wir vermeiden zu denken, wir hätten gesehen, was man uns hat sehen lassen. Dieses Wohnen, das wir den Fremden bieten, kann gar nicht groß genug werden. Wir begeben uns unter unsren eigenen Schirm. Die Natur schützt und ist Geschütz. Sie droht uns, aber gleichzeitig wirft sie uns ins Offene, damit unsre auswärtigen Mitglieder sich verletzen und von einem Hubschrauber abgeholt werden als ihre hübschesten Räuber. Grausame Mutter, Natur! Verzeiht nichts: Ein Schritt vom Weg, und schon fügt sie unsrem Wesen dessen Wirklichkeit zu! Tod! Einem jeden aber steht mindestens eine Erscheinung zu, die aus den Handtellern der Schistöcke blutet und uns furchtbar anstiert. Einer ist hinter ihr her! Allerdings: mit dem modernen Sport erscheinen wir an viel mehr Stellen! Die Natur unser Haus, damit das Schreckliche bewahrt wird. Keiner, der stürzt, denkt an uns, wenn er in die Dämmerung fällt. Kein Geheimnis an dieser unbeholfenen Wildnis, die wir uns zuschneiden werden, bis sie uns und unsren Gästen paßt. Und indem ich sie schütze, gehört sie mir wie ein Meer, das stilliegt. Und mithilfe eines Tickets ziehe ich froh aus, zu mir. Die Natur will siegen! Unsre vorgeschnitzten Balkone verbergen unsre zurechtgestutzten Lebenshekken. Für andre sind wir das Fremde. Sie fahren zu uns, nehmen uns zu sich und werden auf unsren Wegen heimisch. Wir folgen, umgekehrt, ihren Wegen und ihrem Willen, in den Untergang! Sie wollen unsren Tod. Und wir folgen ihnen in ihren Tod. Folgen ihnen und sind sofort geschieden von unsren Lieben, die für uns andre werden. Eine Saison, und wir erkennen sie nicht mehr auf den aufbrausenden Veranden der Gaststätten, in den überschäumenden Abtritten der Berghütten, an den vorquellenden Auftritten unsrer Trachtenkapellen. Jeden Augenblick will die Natur bei uns sein, sie erträgt unsre Abwesenheit nicht. Hat Angst vor der Leere! Sie liefert die Räume für unsre Geselligkeiten, bei denen wir ängstlich herumschauen und Tierfasern schmeicheln, sie mögen uns bekommen. Sie will ja nur unsre Gesundheit! Unsre Unversehrtheit! Unsre Unverschämtheit! Natur! Ein jedes ist in ihr nur das, was es leistet. Und jeder kann nur leisten, was er ist, nämlich der Gestorbene, der in seinem Grab lebt, und der Wahnsinnige, der außer sich lebt. Den Wahnsinnigen erkennt man daran, daß er abseits von uns, aber in die gleiche Richtung geht. Doch Sie nicht, Sie nicht! Sie kommen her zu uns, nicht wahr! Wir werden hier Ihre ewige Kindheit schon hüten, bis Sie zu verwesen beginnen!

(Einer der Schifahrer stürzt und bleibt liegen. Die Gamsbärtler unterbrechen ihre Arbeit, holen einen Sack mit Kalk und schütten den Gestürzten zu. Die junge Frau mit dem Kind zieht ihr Sommerkleid aus und ein

*Dirndl an und holt ein Tablett, auf dem Maßkrüge ste-
hen. Sie legt das Kind aufs Tablett dazu. Häuft schmut-
ziges Geschirr, das sie zusammenträgt, darauf.)*

Die junge Frau:
(während der genannten Verrichtungen)

Dieses Kind ist etwas. Wäre es dieses eine Mal nichts
geworden, ich hätte Einwände gegen sein künftiges,
aber unmögliches Glück. Ich würde es nicht erst beim
Verkehrsamt zulassen lassen. Ich kann froh sein, ihm
gegenüber still bleiben zu dürfen. Es hat recht zu leben!
Ich habe auch recht! Es ist gesund! Kleine Knochen
sind in seinem Körper bestattet, bereit zum Sprung in
die Auferstehung als Emporkömmler, als Turner und
Springer. Ich bin still, und ich stille. Ich gebe mich aus.
Welchen Sinn hätte es zu sparen? Meine Schritte sind
plausibel. Heiter und ewig morgig treffe ich auf mich,
werfe meine Angel aus, das Tier am Haken leuchtet
matt. Ein schmales Band vor mir wird zum Weg. Ich
gehöre mitten hinein in die Arbeit als Erbäuerin. Einen
freien Busplatz dem Tüchtigen! Ich bin der Eingriff in
fremdes Leben nach vorausgehenden Zeiten geistiger
Vollwertigkeit oder wenigstens Durchschnittlichkeit.
Man muß eingreifen, hören Sie: Von der Verblödung
gibt es zwei Arten, denn die einen sind vorher schließlich wer gewesen! Haben eine Bedeckung getragen, die
ihnen Lehrer sorgfältig auf den Kopf setzten. Beachten
Sie den Unterschied im Zustand des geistigen Inven-
tars! Der ist vergleichsweise derselbe wie zwischen

einem regellos herumliegenden Haufen von Steinen, an die noch keine bildnerische Hand gerührt hat und den Trümmern eines zusammengestürzten Gebäudes! Letzteres bewahrt die Erinnerung an die dämmernde Bläue vor der geistigen Nacht: Diese vorletzten Menschen dürfen uns erhalten bleiben, als stete Frage des Gedächtnisses, was uns ihre Beheizung, ihre Beleuchtung und Belüftung noch kosten wird. Die andren aber, die absoluten Vollwertidioten, die essen wir auf, um uns dieses schlimme, wilde Essen zwischen den Beilagscheiben der Wirklichkeit zu ersparen. Wir Rohköstler des Lebens. Wir unnötigen sie am besten, noch vor ihrer Geburt zu sterben! Wir erbensguten Mütter können das. Wir zerren sie, selbst bewußtlos, aber selbstbewußt gemacht, aus uns heraus. Sie sollen nicht auf unsrem Boden stehen. Die tropfen sonst alles mit sich voll, voll auf den Teppich! Ihre Pudel-Mützen könnten Besseres enthalten als ihre totalen, aber toten gelockten Köpfe! Ganze Pflegergenerationen könnten neben diesen Ballastexistenzen recht alt aussehen! Denn erlaubt ist es nicht, den Aufenthaltsraum des Selbst zu verlassen. Schön bei sich sein und dort bleiben! Es geht einfach nicht, daß diese Leute den Fernseher in der nächstbesten Ex-Kathedrale benutzen! Daneben kräuseln also Krankenschwestern die Lippen und schalten das Atemgerät ab. Mein Kind hier ist, bitte herschauen, geistig lebendig wie ein frisch gespaltetes Atom, es lastet nicht auf der Allgemeinheit. Nur auf mir! Dieses Kind muß nicht verzichten lernen. Es hat eine Zukunft, die ich ihm, ins Kleine gehackt, im Kaufmannskatalog ankreuze und herbeischleppe. Das Einfache ist noch einfacher geworden. Ein Kind, das nicht von sich weiß, darf beendet werden. Dieser Verzicht aufs Leben nimmt nicht. Dieser Verzicht gibt! Dafür kann ein andres jetzt leben. Wir müssen lernen, die Landschaft vor uns zu schützen. Gesund bleiben! Gesund bleiben! Wachsen wie Tannen! Sich dem Ungesunden verwehren! Sich auf einem Sparkonto verwahren! Schnee! In der Stadt wird er zu Schmutz, die Irre der Naturlosigkeit steigernd. Die taubedeckte Frühe verwahrt uns ja auch. Was mag der Tag bringen? Einen Ausflug, diese Wiederholung dessen, was andre abschreckt? Eine Wanderung, die Nachahmung dessen, was uns über andre hinwegsehen läßt? Wo wir uns hinsetzen und unsre Enttäuschungen essen, und die Aussicht auf etwas macht uns wieder heil. Die Herkunft ist lang. Wir sind Nutzvieh, wir nützen uns selbst, weil wir in uns einheimisch sind. Das Sein ist die Ware des Seienden. Wir lösen unsre Ermäßigungsscheine an der Kasse ein. Entwertungsstempel machen tiefe Eindrücke in uns. Durch das, was uns umgibt, kann man uns erkennen, strahlende weiße Herden, denen man ihre Milch gern abkauft. Nicht echter können wir sein als die wahren Zeichen des Gewesenen im Fernsehgerät. Diese gehen unsrer wirklichen Ankunft stets voraus. Wir wollen Frische tanken! Der Strahl, der aus uns läuft, wird von großer eigener Hand umfaßt. Es zieht an unsren Eutern. Unsre Produkte sind tragbar. Wir selbst sind untragbar. Wir trinken von uns. Wir fassen Ware nur aus unsrem eigenen Speicher, dem wir zusprechen, er möge sich nicht mit Giftmüll, sondern mit Gefühl füllen. Doch was lassen wir statt dessen herein? Menschen, die wir nicht bestellt haben und nicht haben wollen. In uns lebt eine Seele, sie erfährt sich in einem PKW der Mittel-klasse, holt uns aber nie ein. Scheffel von Licht stellen wir unter uns, wo wir einmal gewohnt waren, selbst zu leuchten. Und doch hat man uns, so besonders Entge-genkommende, beim Überholen diesmal nicht rechtzei-tig bemerkt. Nicht einmal die Waschanleitung blieb von uns weicher weißer Ware übrig. Jetzt aber ist es Tag. Wir wissen um unsre Gebühren. Die Natur wird von uns bezwungen, indem wir gewollt haben, was sie uns freiwillig gibt. Ich brauche als Magd dieses Kind. Ich bin eine Unmenge, schauen Sie, wie ich überfließe von mir! Ich Drachenfliegerin, ich habe mich entfaltet. Voll Ehrgeiz spreche ich als Mutter, die mit ihrem Auge und ihrer Hand das Sichtbare umgrenzt. Ich habe etwas ge-macht, das denkbar war und selber denkt. Kaum wan-dert das Kind los, bleiben seine Ufer auch schon zu-rück. Ich winke ihm nach, doch es entzieht sich mir. Es ist mir, als hätte ich es noch vor kurzem ernährt. Das Kind weiß von sich und hat recht. Das Kind ist in vieler-lei Hinsicht unvollendet, aber es kann sich begreifen. Es begrapscht sich ununterbrochen, ob die neue Sport-tasche mit dem Tennisschläger noch dran hängt, dieser Geburtsfetzen. Es ist lebendig. Aber wie geht es heute der Natur? Sie hat sich die Ausfahrt herauf schon fast bis zu uns geschleppt. Und hier warten wir mit unsren Transparenten und Transportmitteln auf sie, um ihr die Umleitung zum Natur-Park zu erklären, wo sie zahm werden muß: wir Menschen, die in Zelten schlafen und ebenfalls nur teilweise bei Bewußtsein sind. Im Augenblick haben wir keine Wünsche. Wir sind auf dem besten Weg, gründlich und rasch aus der Vergessenheit zu geraten. Doch vom Innenminister bestellte Gendarmen, die man auf Kleinwagen montiert und derart unsicher hat stehen lassen, schießen so lang mit Gummi auf uns, bis wir, erfreut wie Bälle, aus den Bildschirmen springen und ganz im Sonnenaufgang aufgehn. Wir sind ein Vorgang und werden vollzogen. Wir sind ein Vorhang und werden vor unsren eigenen Augen zugezogen.

Die beiden Gamsbärtler:

(haben sich jetzt niedergelassen auf der Piste, die sie gebaut haben. Sie schneiden sich von den Sportlern unter dem Kalk kleine Stücke ab und essen gemütlich davon. Sie trinken Bier aus den Humpen, die sie sich vom Tablett der Mutter geholt haben, wischen sich die Münder an ihren Jackenärmeln ab. Auf der Leinwand werden Menschen in altmodischer Kleidung gedemütigt.)

(Die beiden sprechen abwechselnd, zum Teil mit vollem Mund, so daß man vieles nicht versteht, zum Teil, nachdem sie hinuntergeschluckt haben. Sie haben einen deutlich ländlichen Akzent, eigentlich ländliche Lautlichkeit und Lauterkeit, in ihrer Sprache.)

In der Natur strebt immer etwas zur Nahrung. Das macht, daß sie belebt und beleibt ist. Wir, die wir soeben gesprochen haben, meinen das so: ganze Völkermassen treibt es herum. Die Grenzen sind offen. Es schleudert sie einander entgegen, als wären sie ihre eigene Gemäldeausstellung. Es hält sie nicht. Sogar von den Balkonen schauen sie herunter und reihen sich in sich selbst ein. Die Sonne bescheint ihre Wagen. Sie wagen alles! Personen sein, die aus sich heraustreten! Früchte wollen sie ernten, die andre gesät haben. Ein jeder sein Hans im Glück. Sogar wenn er nur der Sonne zuschaut, verliert er schon. Mit dunkler Geduld tragen sie immer noch ihre Wahrheiten herum, aber diese Kirschen werden bereits von Würmern durchströmt. Kein Geschäft läßt sie zwischen seine Regalreihen, seine Ringelreihen. Die wollen neue Waren, schrankenloser, als der Mensch sie früher gekost und gekostet hat. Sie verkaufen sich vom Wagen aus, aber ihr Karren ist schon so tief gesunken, daß ihr Gemächte wie ein Schifferl auf dem Wasser schaukelt. Es rauscht und schäumt vor Wirklichkeit um sie her. Aber sie wollen zum Beispiel auf einer Höhe von 1150 Metern auf einem Bankerl sitzen. Dafür haben sie sich gespart, sich jeden Tag ins Gehege geworfen. Während ihre Wärter ihre Landaufenthalte exakt einen halben Meter höher eingenommen haben. Auf unsre Kosten sind sie vorige Nacht als Marder erschienen und haben unsren PKW innen total aufgefressen! Auch wir Raubtiere haben unsre Sorgen, aber viel mehr Sorten. Diese Menschen sind jetzt einfach erschöpft. Und zwar von diesem langen Zustand, nichts zu haben, dem auch nächtlicher Wandel nichts hinzuzufügen vermag außer Tannen und Wannen, die ihre Stürze im Schnee hinterlassen. Zu lang abgeschieden von uns sind sie gewesen. Sie gehen über die Grenzen, die sie sind. Wie armselig, wenn Armut was haben will! Wir haben uns derweil schreiend über eine tiefverschneite Fläche geworfen. Die Bretter unter unsren Füßen die Welt. Wir haben sie uns selbst gebaut! Sie ist der kleinste Verschlag, den man mit Verschlagenheit der Natur ablisten kann. Und es funktioniert! Die Fremden geben sich bei uns die Klinke in die Hand. Was sie noch lernen müssen: will man reich sein, muß man sich selbst übertreffen können. Aber die Busse von denen haben ja immer wo anders geparkt. Heute können sie noch ihre Geschichte berauben und auf unser Mitleid rechnen, aber morgen rechnen wir schon mit ihnen! Wir haben schließlich unsre Geschichte gleich im ganzen gestohlen! Und schon viel früher! Wir, die wir hier wohnen, betrachten die Landschaft überhaupt nie, wir erfahren sie durch den Wert, den andre ihr zumessen. Einmal werden diese Fremden selber Wirte für Neues werden müssen und sich dann erst selbst besitzen. Wenn sie etwas auszuschenken haben. Ihr Entbehren ist so lang im Pferch gestanden und hat sich geduldig den Rücken am Zaun geschabt. Aber wir, wir genügen uns. Wir haben es nicht nötig, ihre Ansichten zu zerstören, sie sollen sie bei uns in gültige Währung einwechseln. Wir drucken unsre eigenen Ansichten und dann Ansichtskarten davon. Wir genügen uns selbst, aber mehr würde uns auch noch genügen. Doch diejenigen, die jetzt, von keinem Geist mehr als Gäste aufzuhalten, zu uns herkommen: die haben nur das Entbehren gekannt, das HABEN will. Wir dagegen, wir wollen nichts, weil wir SIND! Wir sind für unsre Gäste da, die sprachlos dem Gebirge bei der Selbstentzündung zusehen. Die Natur will es, und wir wollen es von ihr. In unsrem Reichtum breiten wir uns aus, den wir uns ausschließlich selbst gespendet haben. Die Leute kommen zum Schauen von weither. Die wollen sich dem Einzigen zutragen, damit dort etwas passiert. Sie eröffnen sich in aller Öffentlichkeit. Wer nicht zahlen kann, dem erklingt nichts. Dem bleibt das Gestein verschlossen wie das Gestern, wo er machtlos war. Der entbehrt ohne Mut, lebt ohne Munterkeit. Er drückt auf einen Knopf, aber es kommt kein Bild. Denn er hat nichts auf dem Kasten.

(Ein alter Bauer mit langer Pfeife tritt auf, hört eine Zeitlang zu, dann schüttelt er betont den Kopf und geht wieder ab.)

Diese Kapelle soll sofort live erklingen! Vom Bildband, vom Bildschirm her ist es nicht so nett. Es gedeiht nur, was aus der Wunschlosigkeit kommt. Die werden es nie lernen! Je mehr sie haben wollen, umso weniger können sie in den Leichenhaufen ihres Ichs einbaggern. Mit Luft, in der ein Tag blau scheint, geben sie sich nicht zufrieden. Wollen haben, ohne um das Wesen des Reichtums zu wissen. Der Reichtum liegt in einem selber, und zwar unter einem großen, überhängenden

Dach, auf dem die andren drüber hinwegschießen. Jeder Schuß ein Treffer. Und die Aussicht wird immer besser, je höher man steht. Wir sind so lang in der Luft geschürt worden, daß wir irgendwann einmal als Brand ankommen werden. Aber diese Fremdenverkehrten, die haben keine Augen dafür, wie lodernd wir eigentlich brennen unter unsren Lodenmänteln. Ihr Schweigen war nicht das der Abgeschiedenheit. Es war gierig, uns zu erfahren! So was kennen wir nicht, unsre Kindheit war stiller. Unser Dasein ist losgeworfen worden wie der breite Brei, den man reichlich in unser Kinderbetteln geschüttet hat. So sind wir zu unsrem höheren Wesen gekommen, das uns ähnlich sieht, damit wenigstens etwas uns erschrecken kann. Wir schauen uns um. Wir bauen uns an. Wir sind die wahren Fremdenzimmer, uns bewohnt man gut. In unsrer Abgeschiedenheit versammeln wir uns, nur um verschiedene Arten von Wohnen anzubieten! Mit oder ohne Abbitte und Abtritte. Nur Geschwisterliches darf nicht ausbrechen. Sie sollen ja fremd bleiben und dafür zahlen! Wir sperren unsre Wege für sie auf, wir sind der markierte Wander-Weg, die Wahrheit und das Leben. Wir sind noch nicht so winterlich, daß wir was abfallen lassen für sie. Auch noch die Fahrt sind wir, auf der wir sie in die Irre schicken. Werkstätten, denen man gesunde Früchte anvertraut, und schon rinnt heimeliger Saft aus uns. Man kann uns direkt vor den Fernseher mitnehmen, man muß mit uns nicht vors Haus gehen, um uns die Milchzähne unsrer Wünsche an einem Faden wegzuziehen. Das Draußen bleibt derweil, wo es ist. Es läuft Ihnen ja nicht weg! Wir geben Ihnen Gas, noch etwas mehr Gas! Die Dämmerung sinkt, als wäre sie ohnmächtig. Wir eröffnen Gasthäuser, als wären wir mächtig. Um uns stapeln sich Autofriedhöfe, wo es dem Gummi immer heißer wird, mit dessen Hilfe wir uns voreinander behüten wollen, um doch nur immer heftiger aneinander zu geraten. Ja, dieser Gummischutz, er zieht über unsre Reihen und Glieder hinweg! Wir brennen auf uns! Menschenschlangen stapeln sich seit fünfundzwanzig Stunden an der Grenze. Ein von Erwartung überglänzter Menschenschlag, von dem im Morgenlicht Beeren geerntet werden. Die Sonne brennt jetzt auch noch. Diese Autoschlangen speziell an den Ostgrenzen! Mit betrachtenden Menschen drin, die uns dieses eine Mal wie neu erscheinen lassen. Die sind sich zu lang fremd gewesen. So wollen sie Fremde wo anders nicht mehr sein. Verlangen von uns, daß wir sie in unsrer eigenen Kindheit verbergen. Sie verlangen ganz neue Erinnerung von uns. Sobald sie unten sind, steigen sie sofort wieder auf und reiten ihr gieriges Tier aufs neue hinunter. Aber Bodenständigkeit kann durch nichts als einen neuen Boden ersetzt werden, dessen Teile jetzt noch verlegen im Vorzimmer herumstehen, um frisch verlegt zu werden. Eile eine Weile! Die werden sich selbst noch unverständlich werden! Sie haben den höchsten Anspruch, aber keine Zeit zu warten auf etwas, das dauert. Wir haben ja auch Tausende Jahre gewartet, bis das Gebirge soweit war, geborgen und in unsre Taschen gesteckt zu werden. Die müssen Videogeräte kaufen, um sich zu erhellen. Können nicht einfach als Dunkel erscheinen, das sich mit sich selbst zufriedengibt. Müssen dauernd kommen und nachschauen, ob uns nicht einer unversehens gestohlen hat, bevor sie uns noch wegtragen können. Nein. Unerbittlich nein! Sie hängen sich an uns und glauben nur so lange zu dauern, wie wir uns ihnen zuwenden. Nicht einmal zu schlafen wagen sie, um nie wieder abwesend zu sein. Lärm in unsrer stilleren Kindheit! Wir sind aber nicht ihre Währung, wir wollen selber viel länger währen. Wir haben Fotos von uns, wo nur wir drauf sind. Wir sind nämlich die eigentlich Abgeschiedenen, und davon leben wir gut. Unser Brauchtum braucht der Bauer! Spazierwege werden uns mit der Peitsche zugetrieben. Dieser Fluß kostet nichts, wo er sich bedächtig in der Hüfte wiegt. Aber wünschen ihn andre zu betrachten, denen wir nach dem Baren trachten, so entsteht eine überschäumende Trachten-Menge, die an Unterordnung grenzt. Wir dürfen etwas verlangen! Und nicht zu knapp! Wir singen dafür zur Zittermusik, bis ein Schneesturm den Abend verhüllt. Verweilen, sich verteilen, das wollen sie, hören, was der Welt, die sie sind, gespendet worden ist. Kleider- und Essenspakete. Wir verzeihen ihnen das Aussprechen eines Wunsches, solang wir selber sind, was sie sich wünschen. Die Stimme der Natur spricht aus diesem Apparat. Hören Sie jetzt sofort auf diese Vogelstimme! Sie werden sie womöglich ganz gern besitzen. Wir verzeihen Ihnen auch noch diese gefährliche Anfahrt, denn am Ende gibt es eine ganze Rheumadecke und vier Stück Untersetzer für die endgültig auf uns Sitzengebliebenen.

HEIM WELT

(Der Berg ist ausschnittweise ganz groß zu sehen auf der Leinwand. An seiner Flanke zerfetzte Leichen in bunter Sportbekleidung, daneben Berggerät, Seile, mixed Pickles, etc. Die Leichen sind zum Teil schon fast vermodert, nur mehr Skelettreste. Der alte Mann, teilweise mit Bandagen umwickelt, baut vor dem Berg eine Spielzeugeisenbahn auf, plus dazugehörigem Dörfchen...)

Der alte Mann:

Sehe ich hier, wie andere hinaufgehüpft sind? Bin ich selbst mit meinem ganzen Gewicht hinaufgezogen in die Reinheit des Raums? Unter mir ein Abgrund, vor dem Menschen ihre Selbständigkeit verlieren. Der Ab-Grund. Er einigt den Raum mit der Zeit, er macht die Menschen endlich, das heißt, sie können sich nicht freu-en, endlich hinaufgekommen zu sein, denn schon klaf-fen sie und dieses hohle Berg-Geschehen wieder ausein-ander. Sie fallen, und Raum und Zeit werden ihnen eins, zum Tod zusammengefügt. Vielen täte es gut, sich zu verbergen, sie stören die Augen der Betrachter. Sie sollen lernen, sich ihnen zu versagen, ausgespien aus ihren Ländern, für die sie untragbar wurden und die ihnen längst keinen Ertrag mehr abwerfen. Sie glauben, daß es ihnen etwas einbringt, wenn sie unsre vielen Spielsachen zu ihren Tatsachen machen, unsre Waren schrankenlos verehren und vererben, unsre Wagnisse stehlen und sie durch die Schranken in den Fluß, auf die Einbahnschienen fahren. Nur umso mehr schließen wir sie aus. Sie sollen in ihre armen Zimmer zurückkehren! In ihrer Verlassenschaft erwarten sie etwas von uns: dort im Nebel die aufstrebenden Neubauten Europas. Ostkunst in den Schausälen. Diese Scheusale! Wir verlangen Gesundenuntersuchungen, die uns krank machen, aber immerhin... Sie aber, ihre Verlassenheit in der Ordnung ist eine gleichzeitig erinnernde wie erwartende, endlich wieder zum Sein aufschließen zu dürfen. Die Kolonne rückt vor. Im Dunst der Tannenwald. Doch sie hocken in ihrem eigenen Abdunst, in ihrer vorrückenden Autoansammlung von Entrückten. In ihrem Erinnern können sie nicht mehr verharren. Ihr langes Sichversagen wirft sie voran, aus der Zeit heraus. Sie haben nichts mehr zu bergen, sie haben alles zu verbergen. Sie hätten wohl früher umkehren sollen, diese Amateur-Bergsteiger! Doch mit dem Gedanken an Heimkehr konnten sie sich nicht anfreunden. Sie wollten uns zum Freund, doch unser Boden rückt nicht zur Seite. Macht nicht Platz. Diese Gier nach Höhe, wo nur mehr Gedrungenes, Krüppelkiefern, Latschen, verkümmertes Berggras gedeihn! Doch gerade das Gefährdete schürt unsre Bangigkeit. Wir versuchen, es zu umarmen. Sie aber, sie fühlen sich plötzlich überall zuhaus, denn das Gefühl der Heimatlosigkeit wurde ihnen immer vorenthalten. Sie sind nun ihre eigenen Reisebüros geworden! Diese mittelmäßigen Mittellosen glauben, uns kaufen zu können, indem sie in unsre Gegenwart einrücken wie ein Heer, das in die Dunkelheit zieht. Rekruten der Dämmerung, die ihre Warenschlitten unaufhörlich den Hang hinaufschleppen und sie alsbald, hoch beladen, in gefährlicher Abfahrt ihren Speichern zulenken, wo sie beide verschwinden, das Gerät und das mühevoll darauf Gerettete. Wir sind unschuldig geworden an ihnen. Wir umkreisen sie als ihre Hirten. Wir bellen sie an, sobald sie ihre zarten Wünsche auszusprechen wagen. Sie kommen uns nie näher als bis zur nächsten, der fünften Wagenkolonne, mit der sie sich ins Fleisch unsrer dick belegten Auslagenscheiben zu bohren versuchen. So schwanken sie in sich selbst, grelle Cheerleader, die die eigene Mannschaft animieren und gleichzeitig die Mannschaft vorstellen müssen. Die Lautsprecher rasseln. Es kommt keiner, der den Namen ihres Vereins aussprechen könnte. Freunde ihrer eigenen Spiele, denn hier bleiben sie Fremde, die uns nachwandern. Aber sie haben uns nichts mitgebracht als auf ihren Zungen den Geschmack. Das Licht geht jetzt über der Flanke – dem Grat ihrer Zuneigung – auf, an der die Zeit wie ein wütender Hund nagt.

(Der Berg erhellt sich langsam mit Morgenlicht.)

Wie wünsche ich mir heute Geruhsamere, die in ihrer Zeit auffallen, weil sie zu ihrer Arbeit zu zeitlich kommen. Bedächtig mit sich hantieren lassen. Sollen sie doch froh sein! Diesen Fremden folgen inzwischen schon Wanderer, die bei uns heimischer zu sein glauben. Sie sind verschlagen wie Bälle. Aber sie werden sich nicht einschmuggeln bei uns! Was Großes aus der Menschenhaut herstellen! Und wo endet das? Beim Schirm aus Arbeitslosenunterstützung. Zu unsrem Schutz trägt die Erde uns aber nicht! Und zu ihrem schon gar nicht. Vergnügen wird es ihr wohl auch kaum machen. Bäume werden ihr entwurzelt. Das Denken zieht seine Furchen in uns. Dieser Fremde zum Beispiel, beim Ballspiel im Stadion. Versucht einheimisch zu werden, indem er uns und unsren Errungenschaften, mit denen wir die Wände unsrer Sport-Arsenale bedruckt haben, eisern und unzerbrüchlich die Treue hält! All dieses Gezwerge wird weggefegt. Die Seinigen meidet der Fremde, die ihm lang noch nachhören, wenn er geht und nichts mehr von ihm hören, wenn er gegangen ist. Er hat eine niedrige Stellung in einer Schuhfabrik bekommen. Und sie sehen sein verschollenes Gesicht noch lang im Hörer. Horchen auf seine verschwundene Vogelstimme vor dem Fenster. Die Bleibenden, sie sind von diesen Wanderern auf immer abgetrennt wie brandige Glieder. Und ihr Geschlecht, das von Plastiktellern mit Plastiklöffeln zu essen wagt, bleibt wie angewurzelt auf grünem Schimmel sitzend zurück.

(Bunte Abfälle werden von der Bergflanke gekippt, Konservendosen, Warenpackungen, etc. und bleiben auf den Toten liegen.)

Mit den Augen des Gastes betrachten wir diese Leute, obwohl doch sie die Gäste sind! Wir, das heißt Knie- bundhosen, Stutzen, Wanderschuhe. Wir sind gut ge- rüstet. Neben uns andre Festgäste, niedergestreckt von Fremdem, das ihnen zu früh bekannt vorgekommen ist: die Natur, zu der sie hingezogen worden sind. Kein Licht macht diesen Fremden zum Verwandten. Kein Laut macht, daß wir ihn verstehn. Und auch der Sinn unserer Erbaulichkeiten ist ein ganz andrer: Die Bau- werke holen die Erde in ihre Nähe, und gleichzeitig werden die Menschen sich fern, weil das Wohnen sie, kaum daß sie angekommen sind, sofort wieder unter den freien Himmel hinauswirft. Mit den Gesichtern zur Sonne, Creme darauf geworfen, die Sonnenbrillen zugeklappt. Inwiefern? Freund und Feind verhöhnen das Radio, ich meine die Ratio, und sind doch längst beide dasselbe. Da sie von etwas derart Großem wie einer Colaflasche und einem weiteren Flascherl Gier an der Hand genommen und sorgsam geführt wurden. So stehen sie da, vom Leben einbehalten wie ein Pfand, das sie nicht selbst einlösen dürfen. Lotto und Toto ihr Motto. Ja ja, trauen Sie sich nur! Es ist alles eins gewor- den. Fleischlos zu leben wäre ihnen eine Zumutung. Das Bier fließt in Strömen, die Menschen strömen auch vorbei, und ich glaube nicht, daß ihre Ungeborenen so gut ausschauen werden, daß sie Eingeborene werden dürften, für die die Sommerbäderermäßigung der Gemeinde Wien je Geltung erlangen wird.

(Einer der toten Bergsteiger erhebt sich, blutige Binden hängen von ihm herab, geben furchtbare, zum Teil schwarz angelaufene Verletzungen preis.)

Bergsteiger:

Entschuldigen Sie einen Augenblick die Störung, aber... Wie Tiere sind wir hier hereingetrieben worden, noch ehe wir das Angebot im Katalog richtig sondieren konnten. Mitten hinein in fremdes Erleben. Und schon sollen wir uns begnügen mit dem, was wir immer schon hatten. Doch unsere Genügsamkeit ist ja längst ausgelöscht worden durch dieses reichhaltige Angebot in Ihren Schaufenstern, hinter den Wursttheken, an den Käseecken. Dieses Bestürzende an Ihrer Geschicklichkeit, mit der Sie Ihre Waschmittelsorten anbieten, müßte uns Aufenthalt ja verweigern, doch im Gegenteil: Es lockt uns an. Es lockt uns an! Groß entstehen unsre Bilder in den Fenstern, von unsrer eigenen Schönheit werden wir angezogen, ich meine von dem Angebot, unsre Schönheit bei Bedarf noch zu erhöhen. All diese Erfindungen zum Nutzen des Menschen! Unsere Gesichter hüten aufgebauschte Wasser und Farben, und wir selbst werden von modischer Kleidung behütet. Mitten hinein gings in fremdes Leben, ohne daß wir die Bahn hätten bremsen können. Wie eine unruhige Herde, die Land riecht, haben wir die Unsrigen verlassen, die uns zu lang ein Heim boten im Sinne der Abgeschiedenheit, von wo aus man einfach nirgends hinfahren konnte. Wir haben uns kaum von den Liebsten verabschiedet. Hinaus in die moderne Kühle! Vor Gesprochenem müssen wir uns nicht länger hüten! Es kann, wie unsre zurückgebliebenen Verwandten, nicht mehr gegen uns verwendet werden. Fügsamer sind wir gegenüber den Autobahnen, denen wir jetzt geduldig zusprechen: sie sollen auch uns noch auf sich ertragen! Wir Fremden gehen jetzt aus der dunklen Kälte der Kindheit, die in unsren Ländern zu lang geherrscht hat, hinaus. Es ist noch sehr früh, die Geschäfte sind geschlossen, wer mag uns zuhören? Nun also neue Kost und Logis. Wie Gewitter die Antlitze der Bauernhäuser. Geschnitzte Werke, deren Tore uns ausspucken, noch bevor wir ihren frechen Reden bis zum Schluß zuhören konnten. Wir bleiben unwiederholbar, schauen Sie doch! Einen wie uns finden Sie nie wieder! Macht uns das nicht lieb und wert? Teuer? Unser Schauen ein Scheiden. Sogar unser Kaufen ein Geschiedenwerden von den kräftigeren Buben und Mädeln, die uns beiseite drängen. Die ihre Kleider schon ausgetragen haben, bevor wir uns noch selbst ertragen können. Wie Schlachtvieh mußten wir das alles verlassen, geschächtet vom Unwillen der Natur, die nichts verzeiht. Was brauchen wir die Gewässer zu schützen? Die warten doch nur, daß sie über uns hinwegeilen können! Was wir waren, darf nicht einmal ein Anfang bleiben. Sie lassen es ja nicht gelten! Da wir unsre Geschichte nicht weiterleben dürfen, nehmen wir uns eben die Ihre! Wir können nicht dulden, daß unsre lieben Andenken, diese Madonnen im Schnee, diese Hirsche am See, dieses Vorausschauen aus Gips in unsrem neuen Anfang schon vergessen sind. Als könnten wir alles in einem Augenblick neu erfahren, bloß damit nie etwas gewesen sein wird. Wir sind ganz neu gemacht worden, aber die Sorgfalt, die man Kindern sowie deren Kleidung, Sport und Transport zuwendet, wird uns nun nie zuteil werden. Kann ich bitte dieses Gerät haben?

(Er greift nach einem Eispickel und beginnt, auf seine Mit-Leichen einzuhacken, spricht dazu, heftig atmend.)

Danke, daß Sie uns wenigstens Ihre Natur geöffnet haben! Doch warum haben Sie sie so rasch wieder verschlossen? Es wurde uns etwas gezeigt, das als das Größte und Schönste in der Umgebung gilt, aber wozu sind Gräber in seine Flanken gebohrt? Oder doch, ich weiß schon: Der Berg öffnet sich schließlich nicht von selber! Und was dürfen wir davon annehmen? Wieder nur die einzige Form, die uns bekannt war: wir lauschigen Plätze im Schatten, wie wir uns zusammenkrümmten und, von der Natur erfolgreich torpediert, in den Boden tropften. Ein Ort des Nichts. Der Berg scheint uns nicht zu brauchen. Vor seinem Anblick versagen wir. Sie wollten uns von Anfang an nur Ansichtskarten, aber keine Eintrittskarten verkaufen. Das macht uns nicht fügsamer! Sie sind ja mit der Natur im alten Bund! Dies ist die Ortschaft welchen Orts? Mit Schritten begnügen wir uns längst nicht mehr! Wir wollen einholen! Wir wollen diesen Ort mit unsren Einkaufsnetzen einholen! Und durch die Maschen unsrer Tragetaschen leuchtet sein lockendes Wesen. Diesem Einzigen wollten wir uns anvertrauen. Und was hat es uns gebracht? Auf Papier wäre dieser Ort nicht derselbe, er wäre unausgesprochen geblieben. Irgendeine Landkarte, mit der wir unsre Heimat falten können und mitnehmen. Wir sind der Mensch des Jahrhunderts, der Emigrant, der öfter im Leben unglücklich zu werden vermag. Unser Wesen ist, daß wir uns aufgeschoben haben, um uns etwas Neues als Vorlage für unsre tropfenden Körper zeigen zu lassen. Und das bestellen oder basteln wir dann. Klemmen es uns zwischen die Beine. Doch das Neue ist uns für immer verborgen. Ein Glück, daß die Menschen ihr Eigentum vor uns so sorgfältig bewahren! Sie haben schon recht: es ginge ihnen verloren, wenn sie uns den Besuch nicht verwehrten! Denn die Weite mit Blicken umspannen heißt, sie auch haben wollen, von Anfang bis Ende. Schauen Sie nur, wie ich geendet habe!

(Er stützt sich schweratmend auf seinen Pickel.)

Aber auch Ihnen wird es kein Glück bringen, daß Sie etwas geplant und dann durchgeführt haben. Sie haben nicht nur uns durchkreuzt! Dieses Umspannwerk ist ein Eingeständnis, daß Sie jedes Sehenlassen sofort verhüllen müssen. Und mit diesem häßlichen Verhüllen durch diese Talsperre, durch diese Staumauer, 300 km weiter weg, haben Sie eigentlich das früher Gesehene, den freien Blick auf den Fluß, das Tal, vor unsrer künftigen Ankunft beschützt, hab ich nicht recht? Sie haben es verhüllt, damit wir es sehen und doch wieder nicht sehen. Damit wir es sehen in dem, was war. Noch heute halten Sie über Diavorträge im Pfarrhaus neben dem Fremdenverkehrsamt Zwiesprache zwischen uns und Ihrer verlorenen Landschaft. Sie selbst sprechen nicht. Sie lassen Blumen und Parfümflaschen für Sie sprechen!

(Er legt den Kopf auf den Boden und schweigt.)

(Berg-Cheerleaderinnen treten in ihren bunten, leicht alpingefärbten, aber doch sehr amerikanisch wirkenden Dressen auf und spornen das Publikum an wie bei einer Sportveranstaltung.)

Der alte Mann:

Sie denken, Sie hätten in der Natur Ihr endgültiges Futteral gefunden?! So eine große Wohnung steht Ihnen nicht zu. Umgekehrt! Sie sind der Behälter für unsre

Natur. Sie heben sie uns für später auf. Die Natur ist gerade nur so groß, wie Sie sie als Ihre Behausung fassen können. Nur von Ihrem Ort aus klingt es noch so, daß wir endlich schlafen können!

(Ein andres halb verwestes Opfer des Berges spricht im Liegen.)

Opfer:

Ich spreche jetzt für alle Opfer wie ich es bin. Als Erstes muß man sich aufgeben, glauben Sie mir! Kann man sich nicht leicht und mild umfangen lassen, wird man gleich nach seiner Bedeutung gefragt. Man schaut in unsre Brieftaschen, und schon sind wir fragwürdig, ob unsre Absichten auch unsrer Auswahl entsprechen. Was machen wir für ein Gesicht! Eines Tages bin ich aufgestanden, habe Schnee erwärmt, meine Schokoladenpapiere zur ewigen Bewahrung auf den Boden gelegt, meine Notdurft daneben, mich selbst von meiner Schokoladenseite gezeigt, aber dann bin ich entschlossen fremd auf der Erde geworden. Dabei wollte ich nur eine Zweizimmerwohnung, für einen mehr als ich geworden bin. Die für den Nachmittag gedachten Butterbrote sind im Papier geblieben. Mein Sein hatte sein Zuhause, meine Sinnlichkeit ihren Sinn. Das heißt, ich bin nicht wahr gewesen. Ich bin jahrelang mühsam verwest in dieser Kälte. Mich hat es nie gegeben. Inmitten der Reste von Apfelschalen, Kerngehäusen, Kernspaltungsgehäusen, anstelle meines Wurst-Heutes und der Markenprodukte an meinen kotigen Füßen bin ich nun selbst auf mich getreten. Au! Ein beliebter Erzeuger hat mich gesponsert, und jetzt stehe ich mit meinem Aufenthalt hier für etwas ein, das mich viel gekostet hat, obwohl ich selbst es nie gekostet habe. Ich bin meine Ware. Ich stehe auf mir drauf. Wagen Sie es doch, bunt zu sein! Lassen Sie es mir doch, fröhlich zu sein! Von mir wie von einer Plane bedeckt ist dieser ungeheure Berghang. Ich stehe bereits dicht vor dem Vergessenwerden. Meine Familie stellt keine Lichter mehr ins Fenster für mich Verstorbenen und all die Toten, die, abgesehen von den Umständen ihres jeweiligen Verstorbenseins, von Fall zu Fall einsam und nichtig waren. Wir sind eine zusammenbrechende Plakatwand. Egal, mit welchen Frauen wir die Nächte verbracht haben: Wir wollen immer nur uns. Sport! Das Herumwandern ist noch der schönste Zug des menschlichen Wohnens zwischen einem Werk und seinem Hort: diesen entzückenden Produkten, die wir uns umgeschnallt haben. Einer singenden Nonne oder einer anderen modernen Liedermacherin zuhören, was passiert da? Da lächeln die Menschen wie im Fieber, drehen sich um und werfen sich selbst hinter sich ins Schloß.

(Die junge Mutter, auftretend als ländliche Kellnerin, Bierhumpen auf dem Tablett, kommt und verbindet die toten Bergsteiger, während die Cheerleaderinnen zu einer typischen Warenhaus-Hintergrundmusik weiter Gymnastik treiben.)

Die junge Mutter:

Unterschreiben Sie unser Volksbegehren für eine Umwelt, die von uns vollständig gereinigt worden ist! Unter vielen Völkern, die jetzt von denen, die auch endlich einmal reizvoll sein wollen, begehrt werden, sind wir eins der ersten. Und wir haben unsre Schuld an die Geschichte noch nicht einmal zur Hälfte abgetragen. Unsre Trachtenkostüme sind auch noch fast neu, sie knistern gestärkt, und schon gefallen wir wieder allein unsretwegen! Geschmückt wie Leitkühe erscheinen wir im Frühtau auf unsren Bergstraßen und lassen uns bestaunen. Reine Natur, die davon lebt, daß sie sich nie ändert. Heimat. Diese fremden Menschen sind fremd dadurch, daß sie unterwegs sind. Sie wandern uns voraus. Sie irren nicht herum, sie werden angezogen von unsren Regalen voller Gütesiegel, die auch sie gut kleiden würden, wie sie meinen. Damit ihre Spiegel sie endlich einlassen und, da sich die Ware ziert, wieder ins Wasser zurückwerfen. Aber wir! Nur durch unsren Besitz wohnen wir. Suchend nach uns, lassen sie sich hier nieder, aber immer als Wandernde. Sie werden nicht wir! Dafür sorgen wir schon! Sie sollen weitergehen, doch sie suchen uns und immer nur sich in uns. Sie sind Wandernde erst, indem sie ein Ziel haben. Das Ziel, nicht zu Hause zu sein. Unterschreiben Sie, damit auch wir in uns bleiben können, wo es ja am schönsten ist. Die Fremden machen unsre Arbeit, und auf einmal wird ihnen alles gehören. Sie werden frech und erhalten Gesichtswunden. Geschichtswunden. Wir schieben ihnen

Schoko-Riegel vor. Bräunende Bäder haben wir genommen, während man in die Geschäfte geht und Hunderte Wund-Male nach uns fragt. Doch wir sind derweil im Freien draußen. Die Sonne geht auf, das entzieht uns jeder Erklärung, was wir denn bisher gemacht hätten. Denn man sieht es uns schon an den Stelzen und Keulen an, daß wir wieder einmal unser Eigenes besessen haben. Darauf sitzen wir und unsre Teamkollegen lieber als auf unsren Geschlechtsorganen, die uns zu schlüpfrig sind. Daß wir unsre Nähe in den Agrargenossenschaften gespart haben, wie Käse. Wir riechen nach uns. Daß wir unsre Geheimnisse hüten wie unsre saftigen Herden, aus denen schon das Blei des Beschreibens rinnt, bevor sie noch als Viehfarbenprospekt auf den heimischen Herd kommen können. Wir sind uns nahe, wir gehören zusammen. Indem wir heimkommen, gehen wir unaufhörlich fort. Und unsre Heimkehr wird aufgegeben, indem wir sie andren verweigern. Wir überhöhen uns und werden zum Gebirg. Überhören kann man uns nicht, wir rufen uns dauernd zum Sonderangebot aus, aber zu verschenken haben wir nichts. Selbst unsre Andenken sind, wie Schiffe, an uns festgemacht. Wehe, einer löste sie vom Pflock, wir müßten unsre Vergangenheit anschauen, die wir uns bis jetzt als Proviant aufgespart haben. Wir müßten in ihr fortfahren, da wir doch etwas Dunkles, einen ewigen Abend, hinter uns wissen, das uns treibt. Und dabei ist längst keiner fertiger als wir! Abgeschlossen, aber weltoffen. Wir gehen auf die Straße, doch wir gewinnen keinen lieb. Rasch zurück ins Haus! Es wäre ein bloßes ödes

Behältnis, hätten wir die Natur nicht, die es um-
schließt. Heimat. Nichts von unsrem Besitz darf verschwinden, vor allem die Gesundheit nicht. Und die
Natur: Bevor wir sie Fremden als Möglichkeit zum
Wohnen anbieten, wohnen wir lieber selbst. Ja, die
Fremden haben das Bedürfnis zu wohnen bei uns erst
geweckt! Wie gut, daß wir gut eingerichtet worden
sind. Wir geben nichts her. Wir kommen unaufhörlich
heim, wo uns sogar unsere Zähne ersetzt werden können. Und erst in diesem Heimkommen erfahren wir immer wieder, daß wir in der Nähe gelauert haben und
gleich, rasend vor Wut, zu uns kommen werden. Was
für eine freudige Überraschung: Wir sind uns selbst als
Habe zugefallen! Eine Tombola, bei der wir immer gewinnen. Die andren müssen uns erst noch lernen! Uns
vergeht Hören und Sagen. Wir schweigen bedachtsam
über unsere Vergangenheit, so können wir auch nicht
aus ihr ausgeschlossen werden. Man kann uns hinstel-
len wohin man will, es erfolgt keine Schiebung von hin-
ten. Denn dort ist nichts und war nichts! Wir haben
ganz regulär gewonnen, reißen uns Buntes aus der Stellage, Trostpreise, die uns nicht trösten können. Bunte-
stifte, Waschmittel, Warenteste. Und diese große Zeit
reißt an uns, aber wir gehen nicht. Die Geschichte ist
still. Sie ist ein Bezug über uns. Der uns unter Geblüm-
tem erstickt. Ehrlich sind wir, weil wir still bleiben und
warten, bis jemand in unsre Nähe kommt. Dann fallen
wir auf uns zurück wie Knüppelschläge. Unter den
Prügeln der Unwetter sind wir Stempel geworden, die
der Landschaft aufgedrückt sind. Häuser in Über-

schwemmungsgebieten. Schwangerschaften ohne Beratung, in der steinwollenen Behausung von Kirchen. Aber immerhin wohnen wir hier. Unsre eigenen Spuren hinter uns werden wir doch wohl noch erkennen! Und hier enden sie. Hier reißt die Zeit, hier reisen wir, nur um zurückzukommen. Zu uns jedoch soll keiner kommen um zu bleiben. Unsre Söhne sind wir selber, heimelig und gleichzeitig ewig heimkommend. Der, der kommt, und der, der schon da ist. Die Fremden werden nicht unsre Nachbarn! Lieber werden wir, wie Möbel, Sehenswürdigkeiten für sie. Immer sind wir es. Immerhin sind wir es. Freunde sollen sie werden, aber Fremde bleiben. Sie sollen sich kurz unsrem Wohnen zuneigen dürfen, doch wir verwahren uns gut. Wir müssen nicht aussteigen, denn wir sind immer schon angekommen, wo wir auch sind. Seitdem wir uns behaglich ins Bleibende gesetzt haben, seitdem können wir uns auch dem Kommenden aussetzen und das Wandelbare aussitzen mit Geduld. Heimat! Daß wir nur da sind! Jetzt, schauen Sie, jetzt drängen sich diese Wesen beim Ankunftsschalter! Versammeln sich, um sich zu uns hereinzudrängeln. Doch wir haben unsre Nähe gespart und gesperrt. Nichts Geheimes liegt in der Ankunft der Fremden, schwankend nähern sich ihre Busse. Eiserne Klammern schnappen nach ihren abgelaufenen Fersen. Doch wir, wir sind unsre besten Freunde, unsre eigenen Mütter und Väter. Wir halten uns entschlossen offen, gierige Vogelschnäbel. Schreckliche Betten geben wir frei, in denen wir, stets beleidigt, auf Schlangen schlafen, wartend, daß es hell wird unter dem unbesonnten

Stein, den ein unbesonnener Wanderer jetzt, in diesem Augenblick, umgedreht hat. Bleiche, durchsichtige Würmer und Käfer rasen hervor. Und auch wir sind wieder wer. Diensteifrig tragen wir Koffer, eigentümlich ist unser Wesen, das wir herausgefunden haben. Wir liegen angenehm nah, und keiner kommt uns herein.

(Der alte Mann erhebt sich aus den Trümmern seines Gestells, schnallt sich mühsam Schier an und beginnt eine Schiwanderung, während die Cheerleaderinnen und alle übrigen das Volksbegehren für eine saubere Umwelt unterschreiben.)

Der alte Mann:

Wir dagegen kommen zu Wort und sind fort. Freundlich bellen die Hunde, doch wir begleiten uns alleine heim. Die Abfälle eines Tierdaseins werfen wir vor die Gäste hin. Sie wollen immer noch dickere Fleischspieße, die sich garantiert einmal an uns aufrichten und sie anspeien werden. Gestärkt und zu mehreren erhebt der Gast sich dann, der vorhin noch freundlich begleitet wurde. Er ist nicht von gestern! Er betritt ein Lokal nur, um zu sparen. An ihm soll zu allerletzt gespart werden. Seine Füße zucken im Schlaf noch, die Augen hat er offen behalten, um in seinem Traum noch Neues zu sammeln. Auch die Grenzen sind jetzt geöffnet: unsre Schlitze zum Hineingreifen, wo unser Eingemachtes, vor jedem Zugriff sicher, in springenden Gläsern verstaut ist. Und jeder ist gern geschehn bei uns. Wir haben unsere Veranstaltung für ihn eröffnet, wir sind sein Fest. Europa ist weit, doch es wird allmählich Abend. Er ist willkommen. Er bewegt sich durch die Dämmerung. Sein treuester Gefährte läuft nicht freudig erregt vor und neben ihm her, er dröhnt direkt unter ihm. Für die ihn unsanft Umfahrenden hat er keinen Blick: Es kommt ihm jeder vor! Leise spricht der Motor. Und durch das Unaufhaltsame seiner Bewegung löscht er jede Möglichkeit auf Aufenthalt endgültig aus. Und seine Aussicht: aussichtslos! Aus seinem Schrecken blutiger Glieder an der Autobahn steigt er hervor, den Tod noch vor Augen. Sein Koffer, aufgerissen, sorgfältig vor sich hingestellt. An der Tapete der Landschaft hat er Freude. Auf einmal steht alles. Zutraulich schließen Neugierige sich an, hilflose, tierliebende Existenzen. Da alles nun möglich ist, jedes Gespräch, jeder Blick ins Weitläufige, jeder Lauf ins Erblickte, sind die Fremden zu unsrem Nutzen gefangen in ihrem Bleiben, das nie ein Aufenthalt wird. Sie sind einfach da und schauen zu uns auf. Der Himmel über uns regt sich auch gern auf, und sie suchen uns heim wie endloses, gewohntes Mißgeschick. Unsre Kellnerinnen bereuen den zeitvergeudenden Verkehr. Sie zahlen sich aus. Der Gast kennt uns nicht. Kaum ist er da, ist er auch schon gefangen im Andenken an sein Hiersein. Er überläßt uns der Erinnerung an uns, da wir uns selbst noch gar nicht kennengelernt haben. Wir leben in seinen Dias, in seinen Videos und Fotos. Gleichzeitig aber erntet er uns die Wolken vom Himmel und das Licht vom Berggipfel. Nichts wird weniger, aber das Nichts wird mehr. Der Fremde nimmt uns nur, was uns nie gehört hat, denn wir verkaufen ihm liebenden Umgang mit uns und werden es nicht zu bereuen haben. Heimelig ist, was nie Heimat werden kann. Und sie, die bisher nie raus konnten aus ihrer Heimwelt, dankbar sehen sie uns an: für unser Gedeihen wesentliche Wesen. Großzügig sind Butterportionen und Streichpakete auf ihre Frühstückstische geworfen. Noch mehr leere Streichelpakete im Abfallkübel. Ungezwungen erscheint erwünschte Kleidung in den Sensationsfenstern. Mit Verwünschungen fürs niederschmetternde Wetter wagen sie nicht, sich zu ergänzen. Sie lachen über alles und stellen sich zudringlich zur Schau. Sie freuen sich jetzt einmal richtig! Musik schließt ihre Fesseln zusammen, auch ihre Handschaltung. Ihre Anschauungen haben sie abgelegt, und dafür sind jetzt recht knappe Kostüme entstanden, mit der heißen Nadel genäht. Der feuerfeste Stoff geht Europa langsam aus. Dankbar nehmen sie uns an, um mit uns verwandt, zu uns verbannt zu werden. So nah am Waldrand haben wir für sie Pilze hingebaut. Beeren und Insekten in willkommener Stummheit, nur unterbrochen von den Apparaturen, mit denen wir über uns und das umliegende Erholungs- und Erhaltungs-Gebiet Auskunft geben, damit sie nicht weiterfahren, sondern bleiben. Wir haben schließlich Produkte zum Waschen und Prassen aus der Natur frisch gepreßt! Kleingeld macht auch Mist. Zuhause sitzen nur wenige. Schauen schön dumm auf ihre

Aussicht. Mit Zweitaktlosigkeit kommt man schneller weiter. Kein Zweifel steigt auf. In der Luft nur die Vögel. Am Boden die Tiere, die wir vorübergehend leben und die Pensionsgäste, die wir dauerhaft hochleben lassen. Bäuerliche Feste kleben uns mit ihnen zusammen, so, jetzt sind sie schon genug mit uns verknüpft, sie haben ja in unser Familienleben hineinblicken dürfen! Wir treten offenherzig zutage, ziehen die Schuhe aus und betreten Land. Und jetzt machen Sie bitte für unsre lieben Nächsten Platz! Die Betten sind von uns überzogen, sie kleben, damit wir alle noch ein bißchen zusammenbleiben können. Es ist gemütlich. Aus unsren hochgezogenen Brauen blitzt Welt hervor, und wir sehen durchaus hier und heutig aus. Jaja, wir sind es und kommen gut zur Geltung! Vergelten Sie's uns! Nur keine Scheu! Verfügen Sie jederzeit über uns!

UNSCHULD

(Auf der Filmleinwand: das Interieur eines ländlichen Schlosses, Gamskrickel und Hirschgeweihe, ausgestopfte Vögel an den Wänden, aber alles sehr exklusiv. Eine Dame spielt Geige und wird von einem Herrn am Klavier begleitet. Der alte Mann, in einem eleganten Anzug, sitzt diesmal, mit andren Gästen, in einem der tiefen Fauteuils und hört zu. Nach einiger Zeit beginnen Menschen in Reisekleidung und mit Reisegepäck still über die Bühne zu gehen, in einem unaufhörlichen Strom.)

(Auf der Bühne weiters: Die Spielzeugeisenbahn, die der alte Mann gebaut hat, ist jetzt plötzlich ziemlich groß geworden, vor allem das Dörfchen. Es hat sich sozusagen maßstabgetreu vergrößert, so daß das größte Gebäude, vielleicht eine Kirche, jetzt ein paar Meter hoch ist, die andren Bauwerke entsprechend. Die Menschen, die über die Bühne ziehen, müssen sich teilweise zwischen den Bauwerken durchwinden. Dafür ist das Gestell des alten Mannes inzwischen geschrumpft, so daß er darin wie in ein Kinderstühlchen gefesselt ist.)

Der alte Mann:
(zur Frau, die wieder in ihrem Reisekostüm und mit ihren Koffern bei ihm steht)

Das ist ja keine Erde mehr! Unsern Gräbern im Wald werden die Wurzeln ausgerissen. In eingeschneiten Hütten wärmen wir einander, meterhoch Nichts, aufgeblasenes Wasser, über unsren Köpfen. Eine Substanz, durch die wir uns, den Blick konzentriert ins Nichts des Abgrunds gerichtet, jagen lassen, ermüdend wie von Erdarbeit. Und dient doch unsrer zeitweiligen Begeisterung. Im Sport sind wir Schmuck unsres Daseins. Führen uns den andren vor. Dazu haben wir aber nur das Recht, wenn wir unser Innerstes, diesen Laden-Hüter unsrer eigenen Geschäfte, wo wirs schließlich gekauft haben, auch wieder zurücknehmen. Es paßt nicht mehr zu unserem gepflegten Äußeren. Der Sport ist jetzt unsre wirkliche Auslegung, als Werk. Seltsame Geräte wachsen aus uns heraus, und wir kämpfen, um uns voreinander zu bewahren. Und zu gewinnen. Nie nebeneinander den Hang hinunterschießen, außer beim Parallel-Slalom! Lieber hintereinander! Das mißt die Zeit, die beginnt und vergeht! Das Persönlichste des Gegners, seine sausende Luft, kratzt uns die Wange. Wir vergessen alles in unsrem aussichtsreichen Bretter-Hüttendorf, davor ein Zaun aus Schispitzen. Das ist unsre Welt. Treten wir ins Leben, ins Helle hinaus, müssen wir uns gleich zur Geltung bringen, ein köstliches Beet, ein Gebet um Schnelligkeit, in wasserdichte Kleidung verpackt. Tief drücken wir uns in unser Material ein. Dieser Grund trägt uns sicher. Natur! In der Stadt, wo auch noch das behutsamste Gehen vor Technik birst, fühlen wir uns noch fremd inmitten der Rasenmäher und Berieselungsanlagen. Wir schauen zu lang ins Glas mit dem Hellen, werden vom Blitz geschlagen, und, die glänzende Zukunft zünftig aufs Dach unsrer Wagen geschnallt, gehts los, wieder hinaus. Auf gehts! In der Stadt werden wir verbraucht, in der Natur verbrauchen wir uns selbst. Fettige Papiere und leere Flaschen säumen unsre Heimkunft, da wir gefeiert wurden, aus dem Papier geschält und dann weggeworfen. Aufgefordert sind wir, jeden Tag unsren Sport weiter zu üben. Wir kennen den Schatz, den wir an uns besitzen, gewiß noch nicht in allen Einzelheiten und müssen immer und immer wieder bunt und fröhlich weiterschreiten. Wir leben und freuen uns, und erst die Atombombe, das kaputte Kraftwerk, das uns krank macht! Wir brauchen sie beide nicht, uns werden die Autos umbringen.

(Die Frau hat ihren Reisekoffer geöffnet, durchwühlt ihn und sucht herum. Während sie das folgende spricht, zieht sie ein Dirndlkleid heraus, hält es sich prüfend an und beginnt dann, sich langsam auszuziehen, das Dirndl legt sie zum Anziehen bereit. Der alte Mann beginnt, in seinem Gestell, in das er geduckt ist, zu zappeln, sich herauszuwinden. Die Frau bleibt in der Unterwäsche eine Zeitlang sitzen.)

Die Frau:

Und es gibt Schlimmeres als das entkernte Kraftwerk: den Krüppelembryo in der Kapsel des Mutterleibs. Sein eigenes krankes Wesen ist es vielleicht, das ihn hat so unnatürlich klein werden lassen! Er soll aufhören mit seinem Lied und verschwinden. Wir wollen allesamt heil und heilig bleiben und uns zu unsren schönen Stimmen gratulieren, mit denen wir uns zwischen den Stangen anfeuern. Oder Hunden im Dickicht Befehle an den Kopf knallen. Bis wir aus unsren Witzblättern gerissen werden und mit gefärbten Lippen und gefönten Haaren der Sonne ins Gesicht schauen müssen. Es genügt, sich zu sagen, daß man beim Abfahrtslauf gesiegt hat, und schon kommt man sich entgegen: dort unten war man doch schon voriges Jahr, und da wird auch schon immer ein andrer gewesen sein! Ein Mensch, dem wir seine lustige Seite abgewinnen können, die andre darf er für sich behalten. Schließlich haben auch seine Scherze ein Recht, Wirbel zu schlagen in den Trubelbädern, in den Spaßbecken, wo die schrecklichen Conferenciers mit den Hüften knallen und Wasser aus ihren Spatzis spritzen. Am Hüttenabend beim Hüttenbrand, vor Frohsinn keifende Kehlen: mit dem Wald vermischt sich Gläsergeklirr. Immer lauter die Rufe, als dürften wir uns heimlich schon heimisch fühlen. Der Herr Bezirkshauptmann übernimmt das Wirkliche. Der Prälat, der schöne Frauen in einer Jagdhütte über sich gestülpt hat. Er ist nicht umsonst voller liebenswürdiger Fähigkeiten. Schwerbrüstige Freundlichkeiten, die, weitab seiner Kirche, knurrend herumlaufen, an der Leine zerren, sich in den Beißkorb spucken, die Hände reiben und, Gläser und Zähne zerbrechend, auf ein Neues losgehn. Dieser Mann hat Millionen unter seinen Rädern verschleudert und Millionen für sich eingenommen! Auch die Landeshauptleute und Landesräte, diese greifbare, lauthalsige Wirklichkeit, wie sie über die Forststraßen donnern mit ihren schweren Hartberg-Leibern, wie sie die Hörner senken und in sich selbst hineinblasen, damit man sie überall hört. Damit sie eine Resonanz haben. Achtung, jetzt wird der eigene Umfang gesprengt! Schmieriges Papier fliegt umher wie Wolken. Sie kauern auf dem Boden, aber verbluten tun andre für sie! Ein diskretes Kuvert wird überreicht, von einem überreichlichen Österreicher gestiftet. Die Kadaver kugeln durchs Gras, die Tannennadeln ächzen, und, schon aus Rücksicht auf das viele Schöne, das noch in sie hineingeht, kotzen die Herren des Landes, diese tollen Burschen, an den Waldrand. Frauen sind ihnen ebenfalls überreicht worden, verwinden sich nicht, schreien unter ihnen, als gehörten auch sie zum Sein. Schwer unter Fett stehend, ächzen die Leiber beim Abladen ihrer Fuhren. Die Natur ist mächtig, weil sie schön ist, ohne schöngemacht zu sein. Und diesen Menschen gehört sie! Beschwörend, es möge sie, die Besitzer des Bodens, immer und immer weiter geben, halten sie einander den Himmel und den tiefsten Abgrund entgegen wie Kruzifixe einem Dämon. Sie beschwören sich selbst, immer da zu sein und die Natur den Zudringlichen zu verwehren.

Diese Einfachen würden nur das Wunderbare zerstören. Man darf ihnen nichts in die Hand geben, es würde sich doch nur gegen sie kehren. Motorschlitten sind schwer zu bedienen und ungenau im Fahrverhalten. Diese armen Leute in ihren Keuschen! Meine Ahnung sagt mir, daß sie nicht das Ferne, sondern das Kommende sind! Und leider kommen immer noch mehr von ihrer nicht ausgewählten Sorte. Wie lächerlich sind ihre Kleider! Pantoffelhelden sind sie. Der Prälat verführt die Frauen zu anmutigen Bewegungen, sein leichtes Kirchengewand klebt an ihm. Es macht ihn erst attraktiv, diesen innigen Menschen, wie schön ist es, ihn tanzen, kosten und kosen zu sehn! Ja, was das kostet! Aber die Natur ist es wert, Menschen am Rande der Schlucht noch zu necken, Frauen niederzustrecken. Unschuldige Augen schauen hervor aus den Gesichtern springender Rehe. Seinem Kloster hat dieser Klerikat die Kleinigkeit von Millionen unterschlagen, und alles weist nun auf ihn hin, wenn Menschen Zeugnisse bekommen und auf ihn zeigen, während sie «Auf Nimmerwiedersehn» rufen. Beim Schießen ist er eine Kanone und überall gern gesehn, wenn überhaupt. In seinem Geländefahrzeug hofft er offenbar zu imponieren, der Hosenmann. Es trauert das Licht in den Bäumen, die Stämme werden undurchsichtig, dahinter kauern die holzigen, rotzigen Trachtenbündel und erleichtern sich, zu mehreren zusammengeschnürt, beliebt, beleibt. Und wir bekommen eine Ahnung von etwas Kommendem, vom Tag. So ein stilles Ereignis paßt einfach nicht hierher!

(Die Frau zieht sich jetzt das Dirndlkleid, das sie aus dem Koffer geholt hat, an. Der alte Mann hat sich befreit und geht auf die Frau zu, benützt die Gelegenheit, da sie sich das Kleid gerade über den Kopf streift, um sich an sie heranzumachen, sie zu umarmen. Sie wehrt sich freundlich, aber bestimmt, drängt ihn zurück. Über die Leinwand gehen jetzt wieder, in endlosem Zug, die Menschen aus dem alten Film. Auf der Bühne treten im Hintergrund Jäger auf und legen ihre Flinten an.)

Der alte Mann:

Die Natur ist unsre ganze Begeisterung! Es ist viel zu schaffen. Vielleicht finden wir Gelegenheit, in ihr zu lesen. Mitten hinein arbeitet der Bauer sich vor. Tannen ragen gegen den Sturm. In der weiten Herbstnacht rauscht der Bach. Es genügt, sich selbst zu sagen, und schon kommt man sich entgegen. So einfach ist das. Der Sturm rast um die Hütte. Der Schnee. Gibt es etwas Einfacheres? Etwas, das man leichter vergessen könnte? Ich zum Beispiel sage mir alles, aber ich glaube mir nicht. Ist es denn nötig, daß wir uns überall, wo wir hingehen, schon vorfinden, durch unsre unverwüstlichen Spuren, die, ach! Wüste aus allem machen? Die Technik wirft uns ins Gelände, wir fliegen wie Fetzen, und wir sind dort, sehen aber genauso aus wie vorher. Großes entsteht nur aus Heimat, und zwar gerade dadurch, daß sie uns und keinem andern gehört. Die Fremden stören uns in ihrer Begeisterung über alles, was erscheint, sie wissen nicht auszuwählen. Aber die

Natur weiß sie aufzuwühlen. Das verlangen sie schließlich von ihr! Und sind doch nur höchstens angeregt. Sie lassen sich nicht vom Bauern führen, der noch zwei Zimmer mit Klima und Dusche hat einbauen lassen. Diese Fremden! Schleppen ihre schauervollen Erscheinungen in die Fremde, wo der Wind brüllt und sie etwas besser als fremd sein dürfen. Dafür haben sie den guten Mutter-Kuchen des Eigenen in Reisetaschen und Rucksäcken verstaut. Sollen sich doch auch sie mit Gutem vollstopfen! Dazu Wein aus unsrer Gegend, in den wir uns versenken. Wir verschenken nichts. Nichts Härteres als eine Serviette wird uns allen einmal in den Nacken geknallt werden! Wir sind zufrieden. Auf weichen Landwegen weichen wir den Ungästen in unsren Geländewagen aus. Diese Technik beherrscht uns ganz, bedachtsam sind wir am Steuer. Und einen Ort haben wir auch für unser eigenes ungeheuerliches Wesen, das die Sonne verdunkelt: ein Zuhause. Da wir es haben, müssen wir nie denken, was geschehen ist. Es war nicht! Wir sind da, nehmen uns Aufenthalt und vergessen alles übrige. Unschuldig sind wir, wenn wir zur Hütte hinaufkommen, gesäubert durch die Waschstraße der Natur. Ihre rasenden Bürsten haben uns gut bearbeitet: gründlich und rasch dürfen unsre Schwarzwälder Taten und Torten in uns begraben werden. Süßes Nichts! Schlagbolzen aus Obers an der Schläfe. Unschuldig macht die Natur, und der Mai macht alles neu. Es war nicht! Schön ists im Wald, zu allen Wesen kann man Zuneigung haben. Aber was geschehen ist, vergessen wir lieber! Unser Auto führt uns durchs

Freie und macht uns frei. Zu lang haben wir uns Zügel angelegt. Wir haben nichts gedacht, wir haben alles nur gemacht. Ja, im Gegenteil: Von der Leine gelassen, könnten unsre Gedanken laut hechelnd noch viel weiter gehen als wir. Doch das Blut bleibt im Boden. Es spricht nicht zu uns. Wir lecken es nicht auf. Mit unsrem Denken können wir nicht einmal einen Vogel im Baum erschüttern. Und doch: wo man hintritt eine entsetzliche geistige Welt. Ein Marsch in die Geschichte, und doch sind wir nie dort gewesen! Hören Sie die Schritte? Wie in einem Faß mit Trauben sind wir einmal in fremdem Sein herumgestampft, bis uns der rote Saft unter den Sohlen hervorgequollen ist. In unsrer Blindheit haben wir über uns hinweggegriffen, und richtig, da war schon jemand! Schon entzündet sich der Kampf um Aneignung: Nach dem kleinen Milchgeschäft, dem Schirmladen, der Buchhandlung des Nachbarn. Es gehört jetzt alles uns und soll nicht mehr vorkommen! Wir lassen nichts verkommen. Wir werden uns nie mehr vorgreifen, indem wir handeln. Das ist vorbei und nie gewesen. Nie wieder werden wir weiter sein, als unser Denken reicht und immer recht hat. Wir können uns inzwischen im Licht hervortreten lassen, damit wir besser aussehen! Was nur gesagt worden ist, ist nicht. Und das Sagen beginnt immer erst. Und in unsren herrlichen frischen Möbelwindeln schlafen wir ein, in der Gewißheit, daß die Geschichte nicht weitergehen kann, als bis sie uns eingeholt hat. Ich meine, sie kann nicht über das Depot hinausgehen, in dem wir die Vorräte für unsere Überlegenheit und unser Überleben angelegt haben.

(Auf der Leinwand blendend hell Natur, fast überdeut-
lich klar. Alles, was gut und teuer ist, in strahlendes
Tageslicht getaucht. Der alte Mann versucht, die Frau
zu küssen, die sich, sanft aber bestimmt, dagegen wehrt.
Sie kniet vor ihm nieder und schnallt ihm wieder die
Schier an. Setzt ihm die Mütze auf, etc. Das alles, wäh-
rend sie spricht! Nach einer Weile schickt sie ihn auf die
Piste, nachdem sie noch eine Startnummer an ihm be-
festigt und ihm einen Rucksack umgeschnallt hat. Auf
einem oder mehreren Fernsehgeräten läuft fast stumm
ein Fußballmatch, man hört nur gerade manchmal eine
Spur das Toben der Menge über irgendeine Aktion am
Bildschirm. Der alte Mann läuft eine Zeitlang etwas
unschlüssig auf seinen Schiern herum, dann läßt er sich
vom Geschehen auf dem Bildschirm einfangen, bleibt
stehen und schaut sich das Spiel an.)

Die Frau:

Was für ein Glück, daß andre den Tod für euch haben
erfahren müssen! Menschenherden habt ihr aus der Be-
haglichkeit gerissen, während eure Bergbäche rausch-
ten. Der Tod reißt den einzelnen aus dem Zusammenhang mit seinesgleichen, er macht, daß man am Schluß
noch einmal allein auftreten kann. Allein! Wenn alles
nichtig ist, wird man seine Verstrickungen in die Mit-
welt los und geht in die Heimwelt hinein, wo man
einsam auf dem Bankerl sitzen kann und eine Orange
schälen. Die erste Zigarette nach dem anstrengenden
Aufstieg! Früher war in jedem einzelnen die ganze

Welt. SIE haben gemacht, daß die ganze Welt in jedem einzelnen vernichtet wurde, gerade darin, daß man schuldig wird. Das Schreckliche wird gähnend Wirklichkeit, reckt sich und schaut träge über die Menge vor den Kartenschaltern, die sich geduldig voranschiebt zu den leeren Tribünen hin, von wo etwas herschreit, während die Teams hereinschreiten. Man kann nur für eine Seite Daumen halten und ihr Dauer verleihen, über den anderen, den Gegner, hinaus. Wind erhebt sich und jubelt heulend der eigenen Mannschaft zu. Kerngehäuse und Papierfetzen fliegen. Staub wirbelt in die Höhe, das Stadion ein Entsetzenshaus. Die Leute wachsen über sich hinaus, sie brüllen, der Sturm reißt ihnen die Mäntel empor. Sie heben die Arme, diese ewigen Betrüger, Betrunkenen und Betrogenen. Dann fallen sie sich in die Arme, die Räuber, Gendarmen und Verbrecher, denn ihre Mannschaft scheint zu siegen. Oder doch nicht? Bei den Wolken aus Gebrüll kann man das Häßliche nicht genau sehen! Von der Ferne erwartet man alles, aus der Nähe schaut es schon nicht mehr so gut aus. Das Selbst hat sich als Gewissen an die Stelle der Menschheit gesetzt und das Selbstsein an die Stelle des Menschseins. Jetzt fliegen die Hüte. Indem Sie diese Masse an Leuten umgebracht haben, haben Sie sie um den einen Augenblick betrogen, als einzelner noch einmal vor den Vorhang zu treten im Augenblick des Todes und sich verbeugen zu dürfen. Sogar das Nichten des Todes, dieser Augenblick, da man seine Schuld noch schnell, wie ein paar Glasmurmeln, dem andern zuschieben kann, ist von Ihnen aufgehoben worden.

Denn es waren zu viele in diesem Sterbehaus. Sie haben sie ja direkt hineinstopfen müssen! Die Türen sorgfältig geschlossen, ja, ängstlich zugeriegelt vor dem Draußen wie vor dem Drinnen! Und in keinem Drinnen könnte es jetzt stiller sein. Die Menge hält den Atem an. Ihr Gleichstand, zwei Minuten vor dem Schlußpfiff, wird nicht ewig halten! Über die Treppen laufen erste Einzelgänger, um vor den andren an den Bussen, bei der Haltestelle zu sein. Sich nicht durch Herzlosigkeit drängen zu müssen, während man dringend aufs Klo muß. In behutsamer Aufmerksamkeit schauen die Menschen auf ihre Lieblingsspieler. Diese tüchtigen kleinen Menschenfabriken, die ihnen ein Schöpfer von Waren, deren Namen auf Trikots und Hosen leuchten, gebaut hat, dieses Stückchen Heimat im Unheimlichen. Diese Stars, die sich doch menschlich geben wie du und ich. Wie gründlich das Denken die Welt verändert hat! Man zeigt sich über so viel Gegenwart erfreut: die Mannschaft und dazu noch Tausende auf den Rängen und Galerien. Für die Ankunft der Sieger haben Sie sich offengehalten und doch nur fürs Verschwinden gesorgt! Ist da jemand? Das riesige Rondeau ist ja ganz leer! Das Schreien muß doch von woher kommen, fällt uns ein, während wir dem Schrecken lauschen. Mild schien doch vorhin noch die Sonne, als wir uns hingesetzt haben und die Tüte mit Chips geöffnet. Jetzt stehen Sie auf dem Gipfel eines Berges. Dort hinauf haben Sie sich geflüchtet, und was finden Sie vor? Einen dumpfen Korridor, der sich geöffnet hat. Bevor sich das Entsetzen auch dort einschleichen kann, bevölkern wir

ihn rasch mit einem Wettbewerb, die Säcke zum drin
Hüpfen bis über die Augen gezogen. Und schon sind
wir wieder getröstet von der Anmut der Gewinnen-
den. Immer auf der Piste bleiben, Sie Herrchen des
Seins, hören Sie, wie es hinter Ihnen herhechelt? Es
schnappt nach Ihren Waden! Also noch einmal: Sie
stehen auf dem Gipfel des Berges, die Sonne steigt
auf, Sie lauschen, während andre Sportler vor traurig
abfallenden Stiegen ihre mühsam erlernte Kunst aus
den Ärmeln und Hosen-Bünden schütteln, sie
prompt verlieren und mit Schalen beworfen werden.
Aber Sie sind jetzt oben. Bitte stellen Sie sich das vor
und stellen Sie das vor! Und dann entgleiten Ihnen
die Menschen, einer nach dem anderen, im rauhen
Klima ihrer eigenen Abfahrten. Sie schießen an Ihnen
vorbei.

*(Die Jäger legen auf die Leinwand an und beginnen,
lautlos zu feuern.)*

Sie haben mit Ihrer Technik, diesem düsteren Ort, von
dem Sie besessen sind, nicht etwas entstehen, sondern
Millionen Menschen verschwinden lassen! Die Geschichte ist plötzlich rückwärts abgelaufen, eine Hand
erscheint und liefert die Gestorbenen liebreich wieder
aus, als wartete eine Mutter auf sie. Komischer Film, in
dem die Person, die eben noch fröhlich gelacht hat, um
ihr Sein gebracht wird. Und das hat sie sich doch grade
gekauft, dieses federleichte Popcorn in vom Speichel

der Begeisterung durchtränkter Pappe. Aus Nichts mach Mehr! Sie haben diese Leute in den wie immer rasend ablaufenden Film der Geschichte gespannt, der an keiner Haltestelle hält, so daß man immer auf- und abspringen muß. Ja, es hat sich eindeutig gezeigt, daß Sie diese Technik nicht korrekt beherrschen, denn die Menschen verschwanden tatsächlich! Material wurden sie, sprangen winkend hoch, in leuchtendem Projektionsstrahl kurz sichtbar gemacht, eine Sekunde nur, den Bruchteil einer Sekunde, groß und ernst erleuchtet, von Ihnen zur Geltung gebracht und gleichzeitig schon verbraucht. Schwangen sich über die Kante des Schneebretts. Bedauern Sie es nicht! Solche Leute sind manchmal empfindlich gegens Wetter wie ein ganzer Wald! Und ab mit ihnen! Sie wurden von Ihnen gleichsam unaufhörlich gestartet. In dauernder, millionenfacher Wiederholung. Und ehe sie das Verlassene endlich wiedersehen dürfen, sind sie selbst verlassen worden.

(Die ländliche Kellnerin tritt wieder mit ihrem Tablett auf, auf dem Bierhumpen, Leichenteile und Kinderköpfe liegen. Sie serviert von ihrem Tablett den Jägern, der Frau, dem Mann.)

Die Frau:

*(während der Mann immer noch fasziniert in den Bild-
schirm auf das Fußballmatch starrt)*

Ihre Bretter, die die Welt bedeuteten, hinter ihnen ver-
brannt. Keine Spur mehr von diesen elenden Wanderern. Sie haben in Ihrem und unsrem großen Namen
dieses heitere Konzert veranlaßt, die Karten ausgege-
ben, den Dirigenten bejubelt. Hier keine Durchfahrt!
Parken Sie bitte an den bezeichneten Stellen, und wenn
es Sie vorher stundenlang umhertreibt wie Wolkenfet-
zen. Und auch in einem Schwimmverein kann es herr-
lich sein. Menschen ist Gegenwärtiges immer lieb, der
Schnee ist wunderbar, seien Sie mit Ihrer ganzen Familie gegrüßt, und eine schöne Abfahrt! Es ist nichts gewesen. Wir alle wünschten, daß unsre Spuren nur mehr
ferner Schall sein mögen, ein Geräusch, das lange geherrscht hat, aber jetzt hört es keiner mehr. Wirkung,
deren Abdrücke im Schnee verwischt worden sind.
Noch einmal kräftig mit den Stöcken antauchen, in die
Knie federn, den Abgrund betrachten, der das Ziel so
vieler Menschen ist, die sich plötzlich wünschen, es ginge ihnen so gut wie den Weltmeistern im Abfahrtslauf,
daß sie die Welt, deren Meister sie eben sind, einen al-
lerletzten Augenblick als Anfang und Ende gleichzeitig
empfinden können. Ein kurzer Kampf um Aneignung
und Zuneigung, ein kurzes Gewirbel, ein Vogel-
schwarm von Fragen, und dann Abtauchen ins Nichts.
Sport! Auf das Erscheinen des Sports auf dem Bildschirm haben wir lange gewartet. Einer muß ja dafür

sorgen, daß die Menschen von den Straßen in die Häuser verschwinden und weg und unterwegs sind! Sie erinnern sich wohl nicht? Sie erinnern sich wohl nicht?

(Ein alter weißbärtiger Bauer in Tracht kommt vorbei, er hat das ganze schon eine kleine Weile gehört und schüttelt, wieder einmal, betont und ernst den Kopf.)

(Der alte Mann sitzt vorm Bildschirm, macht aber mit den Füßen noch die Bewegung des Schifahrens, halbherzig aber nur.)

Der alte Mann:

Die Angst vor dem Fragen liegt über dem Abendland. Sie bannt die Kandidaten auf ein Team-Leibchen, verbannt sie auf altgewordene Wege und jagt sie zurück ins morsch gewordene Gehäuse ihrer Tore, wo es um ihre Ausscheidungen geht. Es wird ihnen alles weggenommen werden, auch der Weg selbst. Keine Spur, kein Lichtschein aus den Ritzen. Aber ruf ich in die Hütte, um nach einem zu fragen, den ich gekannt hab, sehe ich grad noch eine Tür sich schließen. Der Wald kommt nicht zur rechten Geltung, alles ist entflohen, was mir lieb war und woran ich geglaubt hab. Was kommt, ist noch nicht da. Nichts war. Ich habe nichts gehört. Ich erinnere mich nicht, aber ich stelle dem Kommenden, das mich, den lupenreinen Amateur, schon vor Beginn des Rennens erlahmen läßt, vorsorglich die Hausschuhe vor die Tür. Sie sind das einzige, was die Profis des Profits von mir dann vorfinden werden, wenn sie anklopfen. Die Härte des Urgesteins sollte Sie nicht entmutigen! Die Jahreszeiten machen die Landschaft auf und zu. Ich sage nur. In dieser scheinbaren Leere will ich, vom Denken müd, nur schlafen. Von der Hütte aus lassen sich Wanderungen unternehmen. Aber auch sonst wird Ihnen alles, wie ich sagte, genommen werden. Auch Ihre Fotos und Namen. Und das Gewesene wird wesenlos.

(Die Frau im Dirndl hat den Bauern die ganze Zeit über beobachtet. Sie geht jetzt auf ihn zu, nimmt ihm den Rucksack ab, aus dem sie eine Axt zieht. Dann führt sie ihn hinter den Bildschirm, nötigt ihn, sich dahinter zusammenzukauern und hineinzusprechen. Der alte Mann steht derweil auf, nimmt die Axt von der Frau und beginnt, lautlos an einem Hackstock Holz zu hacken.)

Der alte Bauer:
(in den Bildschirm hinein, und zwar in gemütlich ländlichem Tonfall, wie aus einer altmodischen Nestroy-Inszenierung)

Zyklon B war kein wirklich neues Produkt, nur seine Anwendung an Menschen war neu. In der Insektenvertilgung wurde es schon lange eingesetzt. Die tödliche Chemikalie wurde nur von einer Firma geliefert, der deutschen Gesellschaft für Schädlingsbekämpfung – bekannt als Degesch. Die Firma gehörte zu 42,5% der Degussa, von der die I.G. Farben ein Drittel der Anteile hielt, und zu 15% dem Theo-Goldschmidt Konzern. Wichtigster Besitz des Unternehmens waren die Monopolrechte auf die Herstellung von Zyklon B. Als Schädlingsbekämpfungsmittel mußte es, gesetzlich verordnet, einen Geruchsstoff enthalten, der die Menschen vor dem Gas warnte. Die Firmenleitung der Degesch mußte nun Sorge haben, daß der Wunsch nach Geruchlosigkeit von Zyklon B die Monopolstellung der Degesch gefährden könne. Das Zyklon B-Patent war schon lange abgelaufen und die Degesch hielt ihr Monopol nur noch durch ein Patent auf den Warngeruch. Die Entfernung des Warngeruchs würde unerwünschte Konkurrenz auf den Plan rufen. Doch es wurde schließlich nicht lang gefackelt, und die Firma mußte den Warngeruch entfernen.

(Die Frau hilft dem Bauern beim Aufstehen. Der verbeugt sich linkisch, setzt sich still aufs Hausbankerl und schmaucht sein Pfeifchen.)

Die Frau:

Ich habe es mir nicht aussuchen können. Packen und fortgehen. Ich darf wohl sagen, daß das einigen Mut erfordert, wenn ringsum jedem der Mut zusammenstürzt. Wenn er den kalten Gang auch nur betritt. Um die Ecke kann schließlich keiner schauen, ob da seit längerem einer steht oder eine fremde Tür geöffnet wird. Was unter der Walderde begraben wurde, ich konnte mich nicht mehr darum kümmern. Andre haben nach Pilzen gesucht und nichts als Tod gefunden. Jetzt aber ist es Zeit zu feiern! Wir haben uns wiedergefunden! Los! Die Knochen über die Schulter werfen! Die Bäume, sie sollen doch rauschen, von mir aus!

(Sie setzt sich achselzuckend hin, zieht eine Handarbeit aus der Tasche und beginnt zu stricken.)

Der alte Mann:
(immer wütender)

Das ist meine Arbeitswelt! Erfahren, wie die Landschaft sich wandelt. Ein jedes hat seine eigene Anwesenheit und Weile. Dann erwacht es. Der Abgrund verschließt sich. Die Sonne geht auf.

(Der Berg verdunkelt sich aber langsam.)

Begeisterung geistert herum. Der Gast betrachtet uns, dieser Frischling des Sommers. Bedächtig wachsen die Tannen. Die Matten leuchten. Der Bergbach rauscht. Inmitten des Wirklichen erscheinen wir in der Versammlung und geben unsre Stimmen ab. Wir sind es nie gewesen. Im Erwachen kommt die Natur zu sich selbst, und wir kommen auch zu ihr. Sie braucht uns jetzt dringend! Sie ist fast schon vergangen. Aber auch wir gehen in die Irre. Der Moment der Frühe ist der schönste. Etwas fängt an, nichts ist gewesen. Die Natur kann ja gar nicht anders, als sich, wenn sie sich fühlt, neu zu fühlen. Das Wasser fällt in die Herbstnacht. Der Schnee macht die Flächen streng und einförmig, als ob da nie etwas gewesen wäre. Er begräbt alles in uns. Auch das Andenken an die Toten, das nie ein reines Andenken sein kann, weil es Vergessen fordert. Und so bleiben wir zuhaus, wo wir festgehalten sind von unsren Stielen, an denen nur wir, nur wir hier vorkommen, wachsen und fortkommen.

(Er beginnt, mit der Axt um sich zu schlagen. Die Leichenteile vom Tablett kommen als erstes dran, dann alles andre. Er spricht nur mehr unter größter Anstrengung.)

Wir liegen in die Talsohle verstreut, ein niedriges Dach beschattet uns. Habichte werden wie Glühbirnen in den Himmel eingeschraubt. Ein Urlaub, wenn er glückt, ist Arbeit an der Natur. Schritte macht das Vieh, um erreichbar zu werden, uns und unsren Lieben mit seinem Leben zu dienen. Es wird gehütet, aber wer hütet sich vor uns? Der Blitz schlägt ein, unser Hof eine einzige Glut. Wir quellen hervor, aber trotzdem möchten wir bleiben, bis der Schnee kommt. Erst dann werden auch wir niemals dagewesen sein.